著者 秋松鶴

易學 **特殊秘法**
（人相、四柱、豫防、淘宮、陰陽十二星等綜合）

發行 **生活文化社** 刊

書頭言

지금까지 易理學을 뜻깊이게 생각하고 硏究하고저 하는, 여러분을 爲하여 著者의 힘겨운 실력으로 많은 努力을 아끼지 않았던 것은 著者秋松鶴의 册을 구독한 사람은 누구나 이해할 줄로 믿으며, 本書册의 內容을 또한 소개하고저 합니다. 易學 特殊秘法이란, 册名 그대로 뜻을 지니고 있으며, 지금까지 발표하지 않은 秘法을 발표하고 연구하는 독자에게, 좀더 도움이 되는 책이 되기를 진심으로 바라는 뜻으로 저술한 것이란 것을 이해하고 널리 선전하여 주시기를 구독자에게 부탁드리면서 서두언에 대 하고저합니다.

著者 秋 松 鶴

目次

第一編 四柱八字의 秘法

第一章 運과 命이란 …………………………… 八

第二章 吉凶判斷의 秘法 ……………………… 一〇

1、身弱四柱일 때 泄氣凶法 …………………… 一〇
2、身强四柱일 때 生은 凶하다 ………………… 一〇
3、男女間結婚하는 年月秘 ……………………… 二一
4、寡孤되는 확실한 時期 ………………………… 二二
5、四柱五行으로 病과 藥을 아는 法 …………… 二三
6、四柱를 鑑定할 때 알아야 할 상식 ………… 二三

第三章 十二運星으로 六親의 吉凶知法 ……… 二四

第四章　統計로 본 健康虛弱表示 …………………… 二〇

第五章　四柱凶神 特別見法 ……………………………… 二三

第六章　四柱六神作用法 …………………………………… 二七

第二編　豫防하는 秘法 …………………………………… 四一

第三編　陰陽學의 秘法 …………………………………… 五一

第四編　淘宮術 ……………………………………………… 五六

　第一章　도궁술의 기초 ………………………………… 五六

　　1、도궁술의 유래

　　2、마음을 十二支로 해설하는 法

　　3、呼吸 第一主義로 한다

　　4、淘宮術의 秘法奧義

　　5、氣質十二宮을 地支十二支와 대조법

※ 誃는 十二支에 子年이 된다
※ 結은 十二에 丑年이 된다
※ 演은 十二支에 寅年이 된다
※ 豊은 十二支에 卯年이 된다
※ 奮는 十二支에 辰年에 해당한다
※ 止는 十二에 巳年에 해당한다
※ 合은 十二支에 午年에 해당한다
※ 老는 十二支에 未年에 해당한다
※ 綬은 十二支에 申年에 해당한다
※ 墮는 十二支에 酉年에 해당한다
※ 煉은 十二支에 戌年에 해당한다
※ 實은 十二支에 亥年에 해당한다

第二章　淘宮術로　運命判斷法 ················ 六五

※ 三輪의 組立과 八品이란 ················ 六七

第六編 相學秘法

第一章 발행에 目的 및 얼굴비법

1、貴相은 어떠한 것인가
2、福相이란 또는 富한 相
3、威相은 어떠한 것인가
4、壽相(長命의 觀相法)
5、惡相見法
6、貧相(賤相이라고도 한다)
7、孤相見法
8、夭相(短命의 觀相)

第二章 上停 中停 下停의 秘

1、머리의 모양(頭型)
2、머리카락의 秘法

3、 얼굴의 秘法 …………………一七
4、 입은 가정을 표시한다 …………一九
5、 귀를 보는 法 …………………二二
6、 (眼) 눈을 보는 法 …………………二四
7、 (鼻) 코를 보는 法 …………………二六
8、 額(액) 이마보는 法 …………………二九
9、 眉(미) 눈섭보는 法 …………………二九
10、 齒(치) 이를 보는 法 …………………三二
11、 악(顎)아래턱 보는 法 …………………三三
12、 指(지) 손가락 보는 法 …………………三五
13、 毛(모) 見法 …………………三六
14、 癖(벽) 사람의 버릇보는 法 …………………四五

第一編 四柱八字의 비법

第一章 運과 命이란

 인간세상이라 말도 하자면 五行世上이라 말할 수도 있는 것이 이 세상 만물중에 하나의 이름이라 칭할 수도 있을 것이다. 봄이 오면 여름이 오고 여름이 지나면 가을이 되고 가을이 지나면 겨울이 되는 것도 하나의 운과 명에, 부속된다고 말할 수도 있고, 하나의 수목에서부터 世上에 있는 生物體는 무엇이고 運과 命에 부속되여 있다는 것을 잊어서는 아니된다. 어떠한 파렴치 한 사람 또는 學術이 무엇인지 易學이 무엇인지를 모르는 사람은 運命이 어듸에 있느냐고 하는 말을 著者 자신이 직접듣은 적도 있다. 그러나 그 사람은 運命에 대한 이전에 운과 명에 학술에 근본적인 면에서 이해와 실감을 느끼지를 못하였으므로 그런 것이라 느꼈을 때 비로서 著者인 자신을 원망도 하였으며 易學의 학술서적의 보급과 구독이 많이되지 않었다는 것을 피부로 느끼면서 본 참고서를 저술하게 되였고 易學을 하는 先後輩 여러분에게도 주저없이 著者자신의 소신을 밝히고 적은 것이나 후세에 남기고저 하는 마음 간절할 따름이다.

※ 運이란?

글자 그데로 운전할 운자이므로 자동차의 운전 기사라 칭하여도 무방할 것이며 모든 사고와 불안상태는 운전기술에 달려 있는 것이므로 運이 좋아야 인생행로의 모든 일이 좋아진다고 볼 수 있는 것이다.

※ 命이란?

운전수가 있다면 자동차가 있어야 되며 자동차가 탄탄하고 고장이 없어야 운전기사가 힘이 들지 않고 기쁘고 슬기롭게 매일 운전할 수 있을 것이다. 만약 자동차가 낡은 고물이 다된 것이라면 언제 부레이크가 파손될지도 모르고, 아니, 언제인가는 멀지 않어서 큰 사고를 당할 것이다. 그러므로 命은 자동차와 같이 좋은 것이라야 일생의 즐거움이 오는 것이고 매사가 순탄하여, 부귀영화를 만나는 것이 될것이다. 그러므로 運과 命을 분명히 판단하여야, 수 없이 미리알 수 있을 것이라고, 생각하는 바이다. 다시 말해서 역학을 연구하는 사람 또는 역학을 직업으로 삶을 이어가는분 누구나, 운명의 위치와 깊이를 분명히 알고 연구, 감정하여야 된다는 것을 명심하여야 될 것이다.

運이란 大運과 **세운**이 분리되어 있으며 특히나, 세운을 소운이라고도 칭하고 있는데 대운이란 四柱中月柱을 主動하여서 운세를 라열하는 것이고 세운이란 每年의 운을 길흉 판단하는 것이며, 今年明年昨年등으로 每年의 운수를 말한다(四柱를 정리하는 법은 四柱秘典에서 참고하시라)

第二章 吉凶判斷의 秘法

四柱八字를 해석할 때는 참고하여야 할점이다.

1. **신약사주일때**는 泄氣가 첫째로 흉하고 둘째로

가령 四柱가 신약한데 日天干이 甲日이라면 대운 및 세운에 丙丁火를 만나면 凶하고 日天干이 甲日일때는 庚辛金운이 흉하다는 것이다.

2. **신강사주일 때는** 四柱日天干을 生해오는 운이 첫째로 흉하고 日干과 같은 五行이될 때가 흉 하게 된다.

가령 四柱가, 신강사주이고, 日天干이 甲日이라면 壬癸水를 만나면 흉하고 日天干이 甲日이고 대운 세운등의 天干및五行이 같은 甲이나 乙 또는 木이라면 凶하다는 것이다. 五行을 떠나서 六神을 따진다면 比肩, 劫財, 偏印, 印綬가 凶하다는 뜻이다.

3、 남녀간에 結婚을하는 때가 언제 인가.

著者의 경험한 것에서 특별한 것을 기술할까 한다.

男子는 大運이 吉운이 되면서 正官運일 때 凶한 편인운, 正官月에 結婚한다.

가령 신강사주인데 官星운이 吉운이 된다. 正官 대운이나 세운이 正官일 때 편인 年이나 편일월

정관년이나 정관월에 결혼한다는 뜻이다.

女子는 대운이 吉운이며, 歲運이 偏印年일때 결혼하는데 正官月에 결혼한다.

가령 신강사주이던, 신약사주이던지 간에 대운이 吉운이나 凶운이 있을 것이다. 대운이 吉운이

되는 때 매년歲운이 偏印운에 결혼하기도 한다.

또는 평균 남녀간을 불문하고 偏官大運에 歲運正官年 偏官이 되는 월에 결혼하며

또는 편인 대운에 正官歲運年偏印月에 결혼하며 인수대운에 正官세운년 인수월에 결혼한다.

四柱大運中에서 凶運이며 日天干과 같은 大運에 死別한다. 가령 남자 사주가 신강사주일 때 凶

神은 印星과 比劫이 된다. 日干이 甲일이면 대운 甲이 되는 때를 말하며 日干이 甲日이면 大運地

支寅일 때를 말하는 것이다. 身强四柱일 때는 日干이 剋하는 年、月에 死別한다. 日辰도 日天

이 剋하는 日이 될 것이다. 이것은 著者의 실지 경험한 것이니라.

또는 身强四柱일 때는 比肩大運이 大凶하고 比肩大運五年中에서 歲運偏官운이 男片死亡하며 月

④ 과부되는 時期

은 丙, 丁月에 혼히 死한다. 또는 身强四柱에 많은 五行이, 어느 것인가를 찾아 보고 많은 五行이 剋을 시키는 大運에 男片死亡한다. 가령 사주에 火가 四個以上 있다면 庚, 辛, 申, 酉大運에 死別한다. 歲運은 官殺운에 死亡하며 月은 金운일때 凶하게 된다.

또는 四柱內에 驛馬가 있으면서 身弱四柱일 때는 傷官大運에 歲運正財運에 客死한다.

또는 身弱四柱일 때 大運傷官이며 歲運傷官年에 手術한다. 洛傷數도 있다. 요지음은 혼히 교통사고가 혼하다.

또는 여자사주일 때 年柱地支를 主動하여서 四柱內 어듸라도 桃花殺이 있으면 姦夫있다.

⑤ 四柱五行으로 病藥을 아는 法

四柱를 정리한 후 신강신약을 안연후에 喜神忌神을 찾는다. 忌神中에 특히 凶한 忌神의 五行이 그 사주에 病이 된다.

가령 신강사주인데 四柱中日天干이 甲이라면 水가 大凶일 것이다 水는 신장병으로 고생하면서 모든 질병은 신장이 약하므로 인해서 발생하는 것이 된다.

藥을 알려면 신장이 弱한자는 四柱에 喜神이 藥이 된다. 신강사주에 甲日이라면 喜神은 金이나 火가 될 것이다. 한의학에서 藥草가 하나 하나가 五行이 배속되여 있다. 火는 인삼이며 金은 운모가 된다. 운모가 든 약이나, 인삼이 주동이 되는 한약이나, 양약을 복용시켜야 된다.

病의 五行法

土는 위장, 木은 간장과 風病, 火는 心장병 및 眼疾, 腦病, 腹病, 金은 肺병, 뇌병 천수치질, 水는 신장, 耳, 子宮病, 아래배 차고 産母가 자손을 얻기 어렵다.

지금까지의 病을 아는 法도 著者自身이 실지 체험한 것이며 적중을 百파로 인 것이나 이렇한 비법을 허심탐회하게 집필하는 것은 易學의 發展을 爲하고 연구하는 사람에게 적은 도움이나 마 될 것을 기대하면서 기술하는 것이니 소홀히 생각말고 많은 연구를 하여 보기 바라며 四柱비전과 大四柱비전도 꼭참고 하여서 연구하시기 바란다.

⑥ 四柱를 감정할 때 알어야할 상식

운명의 감정을 한다는 것은 실지로 학술연구하기 이전에 인생의 生死를 연구해 보라 固定的으로 태여났다가 떠나가는 것이 아니겠는가? 그러나 四柱八字를 놓고 吉凶判斷을 한다는 것은 두 말할 필요도 없이 매우 어렵다고 보아야 될 것이다. 줄은 四行이요. 글자는 八字아닌가. 그러나 글자의 하나하나의 五行의 뜻을 이해하고 순서를 정리할 줄 알고 버릴것은 버리고 사용할 가치가 있는 것만 추려서 사용하여 보라 쉽고 자미있게 연구를, 거듭하고 저하는 마음이 용솟음칠 것이다.

우선적으로 사주를 정리할 때는 各種살과 길신흉신을 다부치다 보면 무슨 말을 할찌 암담하게 될 것이다. 合이되는 것도 支合도 되고 三合도 되니 어느 것을 사용하여야 될지, 갈팡, 질팡하게 될 것이다. 그러나 여기에 기술하는 뜻을 완전히 이해하여야 될 것이다. 地合이나 三合이 같이 있을떄는 합이 일절없는 것으로 보라. 支合中에서도 子개 두개 있고 丑이 하나가 있을때 또는 亥가 두개가 있고 寅이 하나가 있을때 이렇게 할 때도 支合이 되지 않는다. 三合中에서 四柱中申子辰이 있고 地柱에 丑이 있다면 子丑도 支合이 되고 申子辰도 三合이 되는 순서가 되지만 이렇게 할 때 支合五行과 三合五行을 追加시키면 운명감정이 맞지 않는다. 三合支合을 없는 것으로 예산하여서 감정해 보라. 적중율이 더욱 좋을 것이다. 여기 책을 쓰는 것은 완전히 著者의 실지 경험방이며 비법이니 특별한 책이란 것을 거듭 이해하여 주기를 바라는 마음 간절할 따름이다.

또한 四柱에서 冲도 있고 合도되며 다른 各種殺도 되니 地支가 있다 하여도 空亡이되면, 合이 되지 않는다. 이런 문제는 사주비전에서 세밀히 이해하여야 된다. 合이 되는 地支가 있다 하여도 空亡이되면, 작용을 못하게 된다. 순서적으로 정리하여 버릴 것은 버리고 해되며 冲이되는 것도 空亡이되면, 合이 없는 것이 당하지 않는 것만 사용하게 되면 간단한 해석과 판단력이 발휘하게 될 것이다.

第三章 十二運星으로 六親의 吉凶判斷하는 特秘

四柱의 配屬을 알 것

가령 四柱가 戊寅年四月六日辰時生이라면,

年柱生戊寅
月柱生丙辰
日柱生丁酉
時柱生甲辰

戊는 年干祖、寅은 年支祖母、
丙、月干은 父親 및 兄、辰, 月支는 母親 및 누나
丁天干은 本人의 身體이다。日支는 妻이다。
甲時天干은 子孫 辰, 時支는 女兒로 암기하라。
그러므로 年柱는 祖父祖母이며 月柱는 父母이고 日柱는 我妻柱이고 時柱는 子女의 配屬된 柱라고 하는 것이다。

※ 十二운성의 해설

胞 = 客地 病厄、孤獨、破産의 일을 당한다。
胎 = 初年에 官廳口舌 및 刑厄을 당한다。死운도 된다。
養 = 父母와 이별하고 자수 성공한다。
生 = 每事가 순탄해지는 운이다。
欲 = 남녀간에 淫蕩하고 孤獨을 당하며 풍파많다。

帶＝出仕했고 명성을 날렸다。

冠＝착실하고 온순운이다。

旺＝크게 가정을 성공시키고 부귀겸전했다。

衰＝항상 건강도 쇠퇴하고 하는일도 衰退했다。

病＝每事가 有頭無尾하고 虛弱하다。

死＝부부이별 및 早死한다。

葬＝家庭파괴 아니면 부부생、사별 또는 早死했다。

이상의 十二운성 해설을 암기하고 이해하기 바란다。 다음은 四柱年月日時支로서 天干에 十二운성이 무엇인가를 찾는 법이다。 가령 子年生이면서 壬子年이면 年天干이 旺이되며 丑月生이 癸月 即癸丑月이면 月天干에 帶에 해당되고 寅日柱며 日天干이 甲日이 되면 日天干은 冠이 된다 時支가 卯時라하고 時天干이 己라면 時天干이 病이 된다。 그러므로 己卯時에 出生한 사람은 子孫과 뜻이 맞지 않으며 子孫이 成功못하는 有頭無尾가 되는 수가 많다。

다음 도표에서 支로 十二운성을 찾으라。

17

이상의 도표에서 十二운성을 찾어서 六親의 吉凶判斷을 하는 것이다. 초보자를 爲하여 실예를 들어 보기로 하겠다.

辛	庚	丁	丙	乙	甲	己	戊	癸	壬	年月日時地支
生	死	胞	胎	病	浴	胞	胎	冠	旺	子
養	葬	葬	養	衰	帶	葬	養	帶	衰	丑
胎	胞	死	生	旺	冠	死	生	浴	病	寅
胞	胎	病	浴	冠	旺	病	浴	生	死	卯
葬	養	衰	帶	帶	衰	衰	帶	養	葬	辰
死	生	旺	冠	浴	病	旺	冠	胎	胞	巳
病	浴	冠	旺	生	死	冠	旺	胞	胎	午
衰	帶	帶	衰	養	葬	帶	衰	葬	養	未
旺	冠	浴	病	胎	胞	浴	病	死	生	申
冠	旺	生	死	胞	胎	生	死	病	浴	酉
帶	衰	養	葬	葬	養	養	葬	衰	帶	戌
浴	病	胎	胞	死	生	胎	胞	旺	冠	亥

年柱 甲浴 子胞
月柱 丙生 寅死
日柱 丁旺 巳旺
時柱 壬病 寅死

이상의 四柱에 子에 甲은 浴이 되고 寅丙은 生이 되고 巳에 丁은 旺이며 寅에 壬은 病이 되였다.
地支는 日天干丁을 主動하여서 地支 十二운성을 찾은 것이다. 사주비전에 十二운성도 표에서 地支운성을 찾은 것이다.
해설을 하여 보기로 한다.

年天干은 祖父이라 했는데 祖父가 浴이 되니 할아버지는 고독했고 바람피웠으며 할머니가 되는 年柱地支子는 胞가 되여서 항상 病厄으로 자랐으며 月天干 아버지인 丙은 生이 되였으니 아버지는 사회적으로 이름을 얻었고 가정도부 귀하게 만들었다. 月支는 어머니인데 地支寅은 死가 되니 어머니가 早死했으며 日天干은 내 몸이나 旺이 되여서 크게 가정을 부귀시키고 부귀를 겸하게 되며 妻가 되는 日柱地支인 巳도 旺이 되였으니 크게 가정을 부귀하게 만드니 결혼은 잘하였고 時柱 子息의 운인데 壬天干은 病이 되였으니 아들의 건강이 허약하며 자식이 하는 일이 잘 되지 않으니 德이 없고 時柱地支는 女息의 운인데 寅時에 死가 붙었으니 딸이 결혼하여 남편과 이별하게 되였다.

이상의 방법으로 십이운성을 해설하며 子女가 몇이며 兄弟가 몇인가를 알 수도 있다. 時柱는 子女의 운이라고 하였으니 時天干에서 나오는 十二운성이 아들의 형제가 되고 時支에서 十二운성이 女兒의 數를 알 수 있으며 兄과 弟의 數는 月天干에서 나오는 十二운성으로 아우가 몇인가를 아는 것이다. 또 여기에 기술하면 중복이 되므로 여기서는 생약 페이지에 자손 형제수를 보는 것을 참고 하라. 四柱秘典百二十七 한 것이니 연구하시는 분에게 이해하여 주기를 바라는 바이다.

가령 時天干 胞가 되면 子息은 一子뿐이며 月天干 胎가 되면 누나 뿐이다. 月地支가 된다면 누나가 二名있으며 時地支가 帶가 된다면 딸이 三名있다고 보는 것이다. 祖父祖母는 원래가 한 명씩이니 數字를 살필 이유가 있겠읍니까?

역학하는 것은 쉬운 것 같어도, 실지로 연구하여 보면, 어렵다는 것을 알 것입니다. 웃으면서 책을 보기 시작했다가 울면서 책을 덮는다는 것이 오직 여기 역술학 책 뿐이라고 著者는 항상 말합니다. 그러나 심오한 학설을 알지 못하고 이해 못하는 많은 사람들은 학술 자체를 무시하는 경향이 많이 있으며 역술하는 사람들까지도 무슨 무슨쟁이라는 소리를 많이들 하는데 그렇한 말을 듣는다고 마음을 약하게 먹는다든지 같이 춤을 추는 입장이 되여서는 아니될 것이라 생각하는 바이며 著者인 본인 자신도 학설에 감동되여서 연구가에게 조금이나마 도움이 되기를 위하여 노력을 거듭하는 것이니 뜻을 이해하여 주시기 바랍니다.

19

第四章 통계로 본 건강허약 표시

月	支	症狀
正月	寅 "	肝臟 神經痛 不眠症 神經衰弱
二月	卯 "	神經痛 心臟虛弱
三月	辰 "	消化機 易患脊髓之虛皮膚症病
四月	巳 "	齒牙破損 齒痛
五月	午 "	心臟症虐 弱視覺故障
六月	未 "	心臟症 弱視覺故障
七月	申 "	消化機 健忘症 倦怠感
八月	酉 "	下血吐血 膀溢 血病
九月	戌 "	下半身疾病女子子宮病
十月	亥 "	易患挑池機能的故障頭痛之症
十一月	子 "	易罹性 殖系器痛的疾病聽覺故障
十二月	丑月之人	膽臟 神經痛 慢性化之器病

第五章 四柱凶神特別見法

본 法은 只今까지 運命鑑定을 하든 中에서 算出한 法이다.

四柱中에서 地支만 가지고 본다.

子日生이 未月出生하면 異腹兄弟 有

子日生이 卯年柱이며 月柱戌이면 女子는 花柳界이다.

子日生이 年月支가 卯와 戌이 되던 깡패이다.

子日生이 年이나 時가 辰이라도 걸달이다.

丑日生이 四柱月支와 年支가 子이면 異腹兄弟 有

丑日生이 酉와 卯가 있는 사주는 不具子 된다.

丑日生이 戌年이나 丑時 되면 重犯 및 殺人注意

丑日生이 酉年柱되면 重犯 및 殺傷을 주의하라.

丑日生이 寅年支되면 早年戶主된다.

丑日生이 丑年支되면 구두쇠며 무식한 편이다.

寅日生이 他柱에 寅이 二個있으면 無子된다.
寅日生이 時가 酉며 月이 寅이면 無子된다.
寅日生이 時가 寅이고 年支가 酉면 無子된다.
寅日生이 時亥며 年未면 無子된다.
寅日生이 時支가 寅이면 官厄과 口舌많다.
寅日生이 年支가 寅이면 官厄과 口舌많다.
寅日生이 未年支되면 깡패운이다.
卯日生이 午年支면 깡패운이다.
卯日生이 年卯면 미치광이란 소리듣는다.
卯日生이 年寅이면 二母아니면 早失父母한다.
卯日生이 時酉이며 年卯支면 長子死亡한다.
卯日生이 丑時면서 卯年支면 長子死亡한다.
卯日生이 卯年支며 戌時면 정신병 및 간질병 주의
卯日生이 戌年支면 女子는 巫人이 되기쉽다.
辰日生이 午時며 子年이면 異腹子女有다.
辰日生이 午時며 卯年이면 이복자손있다.
辰日生이 月未며 年亥면 이복 兄이나 子孫有다.

辰日生이 辰月이며 時卯면 이복 兄弟나 子孫有다.
辰日生이 時卯이면 月辰이면 異腹兄弟나 子孫有다.
辰日生이 丑時나 年酉면 절룸발이 되기 쉽다.
辰日生이 酉時나 亥年이면 절룸발이 되기 쉽다.
辰日生이 年辰이면 출랭이라 말듣기 쉽다.
辰日生이 時子면 정신이 쇠약해지기 쉽다.
辰日生이 辰時며 酉月이면 철름발이 되기 쉽다.
巳日生이 酉時며 丑年이면 절룸발이 운이다.
巳日生이 午月이나 午年이면 妾이며 巫女다.
巳日生이 寅月이면 兩母다.
巳日生이 亥時며 未月이면 고자 아니면 신약하다.
巳日生이 亥年生이면 巫女다.
巳日生이 未年이면 巫女다.
巳日生이 子年이면 巫女 및 卜術人이다.
巳日生이 辰年生이면 巫女다.
巳日生이 卯年生이면 巫女다.

巳日生이 巳年이나 巳時면 삐쭉이다 (입이 돌아간 것)

巳日生이 戌時면 정신이상되기 쉽다.

午日生이 午年이면 乞人아니면 再婚할운이다.

午日生이 卯年生이면 깡패되기 쉽다.

午日生이 申年生이면 정신이상오기 쉽다.

未日生이 卯時며 月子면 異腹子 및 異腹兄弟有다.

未日生이 午月이며 年子면 의복형재 있다.

未日生이 卯月이며 辰年이면 의복형재 있다.

未日生이 酉時며 亥年이면 不具의 운이다.

未日生이 午月이면 妾의 운이다.

未日生이 卯年이면 花柳界다.

未日生이 未年生이면 戌時면 피가 많다.

未日生이 酉時면 客死한다.

申日生이 申年이면 구두쇠며 무식하다.

申日生이 寅年이면 夫婦이별 中年이다.

申日生이 辰時면 정신이상 발생한다.

酉日生이 戌年이면 重犯罪를 지기쉽다.
酉日生이 未月이고 酉年이면 重犯 및 殺人者되기 쉽다.
酉日生이 子時며 未年이면 病者의 체질이다.
酉日生이 子時며 亥年이면 질병많다.
酉日生이 子時며 丑年이면 질병많다.
酉日生이 未時며 亥年이면 三年以上重病得
酉日生이 未時戌年이면 不具者되기 쉽다.
酉日生이 卯時며 辰年이면 20歲좌우에 정신병 或得
酉日生이 卯時며 辰年이면 早失父母한다.
酉日生이 寅月이면 고자되기 쉬우니 주의하라.
酉日生이 亥時며 未月이면 客死되기 쉽다.
酉日生이 申時나 申年이면 客死되기 쉽다.
酉日生이 酉年이면 강직하며 간사한 편이다.
戌日生이 未月이며 子時면 의복형재있다.
戌日生이 未年이며 戌年이면 의복형재있다.
戌日生이 子時며 戌月이면 의복형재있다.

戌日生이 酉年이며 戌月이면 重犯罪人되기 쉽다。
戌日生이 戌時며 卯年이면 간질병 및 정신병 주의
戌日生이 未年이며 卯月이면 花柳界다。
戌日生이 戌年이면 까부리란 소리듣기 쉽다。
亥日生이 酉時며 未年이면 간질병 및 정신병 주의
亥日生이 卯時며 酉月이면 不具되기 쉽다。
亥日生이 丑時며 巳年이면 三年以上身病 고생한다。
亥日生이 丑時며 酉年이면 重病三年이상 고생한다。
亥日生이 酉時며 亥年이면 殺人및 징역살기 쉽다。
亥日生이 丑時며 丑年이면 질병을 주의하라。
亥日生이 亥年이면 九死一生으로 死運을 四〇세 전후하여 당한다。

이상은 누구에게나 꼭 당하는 것은 아니다. 百名中 九〇名은 당하는데 당하는 九〇名도 예방비법에서 예방을 하고 주의를 깊이하면 면하는 것을 보았으니 本册을 보는 사람에 사주에 해당한 凶살이 있다하더라도 실망과 감정이 앞설 것이 아니고 스스로 미리 알고 주의할 것을 명심하기 바란다.

第六章 四柱六神作用法

※ **比肩** 比肩은 兄弟姉妹星에 該當한다. 比肩이 많으면 兄弟姉妹가 財産上 不和爭論하는 수가 있다. 合이 있으면 不正하며, 殺이 많고 比肩이 會局하면 自身이 兄弟의 힘을 받으며 比肩이 弱하며 身旺하면 自身은 富裕하며 兄弟는 衰弱하거나 或은 不睦하다. 比肩은 獨自的事業이 適性이오. 恒常自己의 主張을 貫通코저 하는 精神이 있다. 女命의 比肩은 夫의 妾으로되며, 男命은 養子로 보는 수도 있다. 또는 分家, 獨立을 뜻하며 偏官이 있으면 그 힘을 喪失한다.

六親＝兄弟, 姉妹, 朋友, 夫의 妾을 말한다.

一, 比肩이 刑冲破害하면 兄弟朋友의 助力이 弱하며 不和爭論이 많게 된다.

一, 比肩이 年月또는 日에 있으면 兄弟가 있다고 본다.

一, 庚日生이 庚寅의 干支가 月과年에 있거나, 辛日生이 生年干支가 辛卯, 또는 甲日生人이 甲申干支가 年月에 있는 境遇, 乙日生人이 乙酉의 干支가 年月에 있으면 兄弟가 없거나 衰弱하다.

(比肩絶이면 兄弟絶)

一, 月柱를 兄弟의 六親宮으로 본다. 月의 空亡은 兄弟無力 또는 死別, 兄弟가 없다고 본

一, 比肩, 墓, 死, 沐浴의 12運이면 兄弟가 있되 早別한다.

一, 比肩과 陽刃이 日時에 있으면 일찍 父親과 生死別한다.

一, 比肩과 劫財가 많이 있으면 父親에 薄緣하며 大槪는 死別한다.

一, 女命—四柱에 比肩이 많으면 色情爭事가 있다.

一, 比肩이 年에 重複되면 恒常 論爭이 많고, 結婚遲延 또는 變化한다.

一, 年 또는 月에 比肩이 있으면 分家獨立, 또는 養子를 뜻한다. 長子라도 分家 또는 離鄕客地의 運이다.

一, 日辰에 比肩은 良緣難期한다.

一, 時의 比肩은 自己의 相續은 養子이다.

一, 女命의 比肩은 自己와 夫君의 妾의 關係로 본다. 十二運의 旺衰에 따라, 설명하라.

一, 月支元命에 比肩, 倒食(偏印), 劫財, 傷官等이 있으면 社會的으로 不信用을 超來한다.

一, 四柱中 比肩, 劫財가 많으면 父母를 刑剋하고 妻妾을 不利하게 하며, 財政上 不利한 수가 많다.

一, 月支元命이 比肩(分野로 分析해서)이면 諸事에 獨立的 事業에 適當, 請負業, 武官等은 不適當하다.

一、 生月干이 比肩이며、 月支藏干의 通變도 比肩인 境遇辯護士、 警官等이 適業이다.

※ 劫財 我의 財를 奪取하는 뜻으로서 財星을 剋奪하는 星이다. 劫、 敗財는 성질이 高慢하며 貧賤을 뜻 한다. 劫財있는 者는 男女共히 그 配偶를 剋하고 子女를 害한다. 劫財와 陽刃이 同宮하면 破財라고 한다. 失業 離鄕客地하며 性質이 頑强不遜하다.

六親 兄弟、 義兄弟、 姉妹、 時上은 從兄 弟 夫弟의 妾이다.

一、 月支命 또는 日에 劫財가 있으면、 自尊心이 强大하며 他人을 卑下하는 下賤한 性質로서 一生 勞苦가 많고 財運도 弱하다.

一、 月支元命에 劫星이 있으면、 勝負、 投機方面을 즐긴다. 利不利는 12運의 吉凶에 따른다.

一、 劫財가 重複되면 父親早別、 또는 夫婦運에 生死離別이 있다. 共同的 事業은 解散、 破産 等으로 萬事에 損失이 많다.

一、 四柱中 劫財가 있으면 夫婦의 因緣은 再婚、 女命은 男便으로부터 口舌이 많다.

一、 劫財는 義利的 兄第、 또는 異服兄弟가 있다고 보는 수도 있다.

一、 初財와 陽刃이 같이 兩處에 있으면 外見은 華麗하나 그 實은 內心의 苦痛과 家庭 亦是 寂寞하다.

一、 男命 大運 初財、 歲運 正財의 年運은 반드시 結婚에 口舌、 또는 夫婦運에 異狀이 온다.

一、 男命 大運、 歲運이 같이 初財의 年運에는 夫婦不成、 또는 夫婦波鏡運이다.

一, 陽刃과 劫財가 있으면 財政上 災禍가 發生한다.

一, 四柱中 劫財와 傷官이 있으면 倨慢無賴한 性情이다.

一, 月支元命에 劫財, 比肩, 傷官 等이 있는 者는 社會的으로 信用을 喪失한다. 官星이 强하면 性格이 正直하다.

一, 日과 時에 劫財, 傷官이 있는 者는 子孫을 剋한다.

一, 四柱中 劫財, 比肩星이 많으면 父母를 刑剋하며, 妻運을 損傷시키고 財運의 損害가 많다.

一, 女命 四柱中에 劫財와 傷官이 같이 있는 境遇에 身强하면 貧賤之命이다.

一, 女命 劫財와 正官이 同柱하고 또는 劫財와 正財가 겹치면 富貴를 論할 수 있다. 財星日生 身弱者도 同一하다.

一, 月支元命이 劫財면 投機的인 證券業 또는 遊興業 料食業 等을 좋아하며, 上紀業에 成功率이 많으나 同業은 不可하다.

食神 天庫요 壽星이며, 子孫星에 該當한다. 食神星이 있으면 財豊饒食하며 營養質의 體格이고, 不好 官星 또는 印星이며 倒食은 生命을 危脅한다.

六親 妻의 父母, 孫 食神은 泄氣星인 고로 身强과 劫財運을 好運으로 본다. 女命은 子女 또는 兄弟의 子女이다.

一, 食神은 捧給生活, 報酬業等이 適當하다.
一, 四柱에 倒食이 없고 食神이 健在하면 一生中 盜難當하는 일이 없다고 본다.
一, 食神은 倒食을 忌한다. 倒食이 있으면 財破와 病禍가 連發한다.
一, 身弱四柱에 食神星이 많으면 短命하다.
一, 年月柱에 食神이 있고 身强하면 父母의 陰德으로 福力이 甚厚하다.
一, 食神은 生旺이 좋고 衰病死葬은 不吉하며 大忌한다.
一, 食神이 生旺에 坐處하고 刑冲破害가 없으며 財福星이 豊富하면 營養質의 體格으로 유유히 生活한다. 食神은 正財, 正官보다도 福星인 便이다.
一, 四柱中 偏官과 食神이 併存해 있는 境遇 倒食이 있든지 或은 倒食運에 當하면 災害가 있다

(倒食增勢)

一, 食神과 倒食이 併存하면 盜難이 頻幣하며 多病고생한다.
一, 四柱中 食神星이 四位나 있으면 渾逢倒食에 發福한다,
一, 四柱中 食神 一位建在를 最上으로 한다. 食神一位에 渾逢倒食이면 **災禍가** 發生한다.
一, 女命에 時上食神이 一位健在하면 그 子女가 出世한다. 萬若 倒食이 있으면 正守閨門하며 子息만 아끼는「캥거로우」型이다.

一, 女命四柱에 食神星이 過多하면 好淫不免이다. (多産性・花柳) 以外桃花有면 接客花柳요. 高

等 敎育이 있고 印綬健旺하면 演藝男에 名聲이 振動한다.

一、女命(食神이 墓座면 子女를 喪失한다. (子女人墓)

一、女命 陽日生으로 食神星이 많으면 娼婦歐姬로, 陰日生이 食神이 많은즉 舞踊藝人이 많다.

一、食神一位에 月年이 建祿의 12運이면 大發達之命이오, 生時柱에 建祿이면 中流發達之命이다.

一、月柱 食神에 身旺生은 多食好飮이오 身體가 營養質이다. 四柱中 他의 吉星이 倂有하면 一平生 勞苦가 없다.

一、食神이 旺處하고 劫財、倒食이 倂存하면 短壽하다.

一、月柱食神에 時柱正官이 倂存하면 大發達이다.

一、食神은 六甲空亡과 倒食을 가장 恐怖의 對象으로 본다.

一、四柱中 食神一位에 生日 正官이면 富貴兼金의 命이다.

一、食神과 偏官이 同處、 또는 四柱에 倂存하면 災殃이 있다.

一、四柱中 多有食神은 片親에 因緣이 弱하다.

一、食神空亡은 長壽하기 어렵다.

一、男命—食神이 많고 偏官이 弱小하며 身弱하면 子女가 적다.

一、四柱中 一位食神을 食神格이라 한다. 食神旺坐하고 身旺하면 大貴요. 正財偏財가 倂存하면

富命大吉하다.

一, 女命의 食神을 子女로 한다, 傷官을 男, 食神을 女, 食神生旺하면 貴子를 出産하고 太旺하면 夫運이 弱化되며 女兒를 多産한다.

一, 月支元命 食神은 都賣商 食料品商 銀行、株式、美術、農産業等이 吉한 職業이다.

※ **傷官** 口人盜氣란 말이 있다. 文學 그대로 官運, 官界를 剋傷하고, 外面慈悲心이 있는듯하나 眼下無人이오. 高慢無雙하다. 女命은 剋夫之性으로 夫運에 凶道의 影響을 주고 男命은 信用을 喪失한다. 權謀術數가 많고 無子한다. 競爭的인 心理發展은 權利를 失墜하고 名譽를 損傷한다. 正官星을 剋傷하는 通變星中에서 가장 凶暴力을 나타내는 傷官星이다. 그러나 藝術面은 多方面으로 大發達하며 精氣왕성하여 異常發達하는 特殊한面도 있다.

六親 = 父의母, 母의父, 이다.
女命─子息, 父의母, 母의父이다.

一, 月支元命 傷官을 傷官格으로 한다. 傷官傷盡하면 大貴命이다. 傷盡이란 月支에 傷官이 있고 四柱에 一二三會局해서 모두 傷官化되며 冲破刑害가 없고 四柱中 地에 官里이 없는 것을 말한다. 또는 月支傷官에 時上傷官하고 四柱中 一点의 官星도 없는 組織도 傷盡이라 하여 貴命이다.

一, 傷官은 慈悲心은 있으나 泄氣만 할뿐 自己의 힘이 못된다.

一, 傷官은 正官을 傷하는 故로 男命相續에는 妨碍가 있다.

一、 年上傷官을 가장 忌한다。 반드시 構禍를 招來하며 福力의 기틀을 傷하게 하여 終身禍剋을 不免이오 重한즉 短命하다。

一、 傷官은 元來 産業之星으로 傷盡官한즉 貴命이나 行運 官運에는 災禍가 크다。

一、 生日 傷官에 時柱에 財星이 同柱하면 靑少年 時期에 發達한다。 (傷官生財)

一、 傷官의 많음은 平生 勞苦가 많다。

一、 傷官이 陽刃을 同柱하고 四柱에 財星이 없으면 八方美人이다。

一、 傷官은 逢財星하여서 子息出産、 그러나 傷官이 同柱하면 無子息인 便이 많다。

一、 傷官과 財星이 併存하면 比肩 劫敗의 行運이 不吉하다。

一、 女命 傷官과 陽刃이 生日에 있으면 그 男便은 반드시 橫死한다。

一、 四柱中 傷官星이 많고 女命은 舞踊家、 音樂等의 先生。 男命은 僧道또는 藝術로서 生活한다。

一、 年柱—傷官은 父母薄緣 또는 早期生死離別한다。

一、 年柱—傷官重疊은 傷身短壽、 富貴한 生活도 길지 못하다。

一、 月柱—傷官은 兄弟薄緣하여 同氣愛가 없고、 月傷官의 重疊은 兄弟分散、 夫婦離別之命이다

一、 傷官—身旺은 喜星이 印綬요。 身弱은 財星이 喜星、 發福亨通之命이다。

一、 元命傷官은 行運 財星에 吉運이오。 印綬身旺도 良好하다。

一, 傷官과 劫財가 重複되면 少利는 있으나 妻子離別 또는 淫亂의 禍도 뜻한다.

一, 年月傷官은 兩親及, 妻子運이 不實하다. 女命은 夫婦運의 波瀾이 많다.

一, 年時傷官은 男女命이다. 같이 子息을 갖기 힘들다.

一, 傷官星이 있고 身弱한 四柱는 家庭風波가 不絶한다.

一, 傷官 陽刃의 同宮은 父親을 剋한다.

一, 四柱中 傷官과 劫財가 併存하면 怠慢無賴之輩다.

一, 日時에 傷官倂存은 剋子의 命이다.

一, 女命 四柱中 正官星이 있고 傷官이 倂有하면 剋夫하며 他有情夫.

一, 女命 大運, 傷官, 年運正官인 때는 반드시 夫婦之間에 口舌이 있다.

一, 女命 大運, 年運이 다같이 傷官이면 夫婦之間에 口舌이 생긴다.

一, 傷官 空亡하면 婚談의 中絶이 再結.

一, 女命 傷官있는 者는 貞節女도 있어 男便과의 生死別後에도 寡婦運命을 그대로 貫徹한다.

一, 傷官과 偏官이 重複되고 大運이 官運에 行하거나 歲運이 官運行이면 眼疾이나 其他 急患이 있다.

一, 日柱 傷官은 氣質은 氣高萬丈하나 無藝能, 無思慮, 巧言令色하며 欺人한다. 眼大하며 口唇은 粗惡하고, 夫婦變緣, 男女는 相互相剋하여 結局 再婚한다.

一, 時上―傷官은 子息薄緣, 萬若 有子息이면 性質이 강직하거나 질병이 발생하며 또한 時柱에 傷官이 重疊되어 있으면 반드시 子息福이 薄弱하며 子息이 早死하거나 晩年에 薄弱하다.

一, 傷官이 咸池를 띠면 好色家요 放浪兒로 情婦와 노려나고, 女命은 情夫로 因해 苦心하게 된다.

一, 女命―傷官이 있고 併有財星이면 凶로 되나 再嫁는 不免한다.

一, 傷官은 財星이 있으면 轉禍爲福(傷官生財) 無財星이면 貧命이다.

一, 傷官이 傷盡하고 더욱 身旺正財 또는 印綬가 있어 旺氣를 띠면 此는 貴命으로 한다. 그러나 才智가 秀拔하고 藝術에 特出해도 精神狀態가 倨慢하며 心中有毒하고, 權謀術數에 過한고로 大體로 諸事가 未完成, 要는 眼下無人이니 一般의 忌憚을 많이 받는다.

一, 傷官은 要 財星하나 萬若 四柱에 無財星이면 聰明하고 巧言令色하니 虛名虛利에 不過하다.

一, 傷官格은 印綬와 財星을 要한다. 그러나 兩쪽중에 하나만 있음을 吉로 取한다.

一, 女命―傷官이 重疊되어 있는데 他柱에 또 傷官이 있거나 行運이 官星이면 剋夫 再嫁하며 또는 心身上 勞苦가 많고 恒常 疾病 不安動搖하여 薄福하다.

一, 女命―年上傷官을 가장 忌한다. 産厄, 疾病, 短命의 命이라보라.

一, 女命―四柱中 傷官과 劫財가 併存하고 身旺하면 夫婦가 生死離別한다.

一, 女命―四柱八字中 傷官이 있고 偏官, 正官이 病死葬에 坐하거나, 日時가 空亡하면 剋夫之

一, 女命 傷官陽刃이 生日에 있으면 惡死、命이다.

一, 女命 傷官星이 있으면 于先薄福으로 본다. 그러나 財星 印星이 併有하면 도리혀 多福하다.

一, 女命四柱、傷官、陽刃、印綬가 共存하면 子息運이 不吉하다. 萬若 天月德星의 二貴星이 있으면 免禍된다.

一, 女命—四柱에 傷官이 많으면 舞踊家、藝術의 先生之命이다.

一, 女命—倒食과 傷官이 重複해 있으면 失子하고 夫運을 剋傷된다.

一, 生日의 陽刃과 傷官은 恒常災厄이 甚하며 惡死하는 수가 있다.

一, 四柱中 傷官이 重疊해 있으면 痼疾病 발생한다.

一, 元命—傷官人은 競爭的 業務、辯護士、代辯業、骨董品商、古物商等이 吉하다.

一, 傷官—逢死運한즉 子息의 運을 破壞한다.

一, 月干傷官에 地支에 陽刃이 있으면 奴婢之命이다.

偏財 = 偏財는 偏妻、偏財星이 있으면 其性이 慷慨하며 虛飾이 없다. 偏財는 父星、偏財가 大旺(天財旺坐)이면 福分이 甚厚, 偏財는 衆人之財요. 또는 生産的 商業을 意味한다. 偏財는 「生 正官」하니 官途도 自然 榮達한다.

六親—父、妻 또는 內緣의 妻、妻의 兄弟、時上은 孫、從兄弟、女命—父、姑에 해당한다.

一, 時上에 一位偏財가 있으면 偏財格, 年月日에 財星있음을 忌한다.

一, 偏財는 衆人之財인 고로 生產, 商業去來, 賣買等을 뜻한다.

一, 四柱中 年 또는 月의 偏財는 父親. 偏財併存하면 多父의 理로 或 養父之運.

一, 四柱가 空亡이면 妻妾의 緣이 永續不能이다.

一, 四柱에 陽干偏財가 있고, 또한 劫財가 있으면 父運이 흉하다고 보라.

一, 偏財 沐浴坐면 父親이 風流的이다.

一, 四柱內偏財 重疊하면 福力甚厚. 萬若 比肩劫財星이 있으면 破格, 年上 偏財가 第一좋고 月上偏財는 그 다음, 此를 「遂馬」라하여 一面 妻子를 剋下한다. 다시 比, 劫運에 行運되면 一路黃泉이다.

一, 偏財가 天干에 透露해 있으면 財產을 輕視하며 義俠心이 많고 他人을 사랑한다. 술은 즐기지 않으며 女性을 사랑한다. 또 是非論理를 좋아한다.

一, 偏財가 있고 身旺하면 商業之命, 偏財 旺坐하면 名利兼得한다.

一, 天干에 偏財가 多有하면 長壽하며, 妻보다도 妾과 愛人을 사랑하는 편이다.

一, 身旺에 偏財 旺盛하면 福力이 甚厚, 四柱에 正官을 兼帶하면 錦上添花格, 劫財運을 大忌하니 諸事에 災厄이 續出한다.

一, 四柱中 財星이 많으면 好酒家이다. 正官行運에는 名利兼得한다.

一, 小兒四柱에 財星이 많으면 반드시 兩親을 剋한다. 또 行運―財星에는 父母를 剋해서 養子로 가는 수가 많다.

一, 偏財가 死絕運에 坐하고 官煞이 混雜하면 幼時其母이별 한다.

一, 偏財가 墓坐하면 父親, 早別한다.

一, 偏財가 建祿에 歸하면 이 四柱 出生時부터 그 父親이 반드시 **발전하여 행복으로** 向한다.

一, 月柱偏財가 있고 四柱中에 또 偏財가 많음은 좋지않다.

一, 偏財 身旺에 財星의 行運이 旺運이면 一大發福, 萬若 刑冲破害 比, 劫이 있고 偏財가 衰坐하거나 生日이 身弱하며 四柱組織이 財多生旺하면 平生勞苦가 많은 命이라 보라.

一, 月在 偏財하고 劫財가 生時에 있거나 또는 凶運으로 運行하면, 비록 富貴라하나 貧賤으로 下落, 即 先富後貧의 命이라보라.

一, 四柱中 財星이 많고 身弱한데, 大運의 12運이 衰病死葬이면 百年不如意, 晚年에 이르러 偏財 印綬運으로 運行하여 三合하는등 重化되면 勃然 好運.

一, 時上 偏財에 四柱中에 劫財, 比肩이 있고, 다시 比肩運으로 行運하면 家產을 蕩盡하며, 妻運이 薄弱해지는 困辱窮乏한 命이다.

一, 時上 偏財에 身旺하고 比劫이 없으면 大發達之命이다.

一, 偏財가 偏官과 同宮하고 身旺하면 父親薄緣이다.

一, 地支中에 偏財와 正財가 있고 暗闇裡에 生氣를 받으면 豊厚之命。

一, 女命—偏財나 正財가 衰坐하고 또 印綬가 絶坐해 있는데, 身旺運으로 行運한 즉 喪夫之命이다.

一, 女命—財星이 過多하면 반대로 富貴하지 못한다.

一, 女命—偏財 正財의 合이있고, 또 貴人에 合이 있으면 富貴豊裕之命。

一, 年干偏財에 年支 比肩이 冲上하면 上冲父星하여 父親이 他鄕에서 客死하는 수가 있다.

一, 元命 偏財는 請負事業, 隔通的 經營, 藥業等에 適合하다.

❖ 정재 편관 정관 편인 인수는 육친비법을 참고하세요

第二編 豫防하는 秘法

예방이란 인생운명에 절대로 필요한 것이라. 보겠다. 사람은 우선적으로 감정이 앞서며 생각하는 것이 앞서는 것이다. 그러므로 마음에 위안도 필요할 것이며 인내와 폭발도 필요할 때가 있는 것이다. 이러한 생활에 있어서 神에 加護도 필요할 것이며 보이지 않는 심적신적 동요를 하게 만드는 것이 예방이다.

예방이란 무슨 일이던지 다 된다는 것도 아니다. 그러나 모든 일에 주의하고 미리 예방법칙을 알고 예방을 한다면 큰 악운이 적은 악운으로 전환될 수도 있을 것이며 마음에 위로와 위안도 된다고 著者는 믿고 있다.

예방하는 방법이란 너무나 많은 방법이 있다. 기도를 드리는일 경문을 암송하는일 사람을 이용하여 중계역활하는법 돈을 써서 무사히 일을 매듭짓는일 부작을 사용하여서 神에 惡難을 면하는 일 등이 있는데 著者가 직접 경험한 것으로는 직접 관청에 악운이 있을때 직접 관청에적 당하사 교적으로 하는법 또는 부작비법으로 예방하는 것이 적당하지 않을까? 생각하면서 유년보감과,

예방비법에서 설명을 못다한 것을 설명하고 자하는 것이다.

부작을 작성할 때는 어느 장소에서 밤이나, 낮이나, 관계가 없이 부작을 작성하면 된다. 그러나 원칙적으로 하여야 하는 법측이 있다.

첫째 다음의 경문을 암송한 후 필요한 부작을 작성하여서 해당한 사람에게 사용하게 하는 것이 적당하다고 본다. 다음의 경문을 암송할 때 촛불을 붙이고 향을 피운 후 깨끗한 그릇에 맑고 깨끗한 물을 床에 올려 놓고 부작을 작성할 재료 문종이와 경면주사와 붓을 준비하여 床에 없어 놓고 경문을 암송한 후 부작을 작성하라.

※ 암송할 경문 천수경

정구업진언

수리수리 마하수리 수수리사바하(세번 암송한다)

오방내외, 안위제신진언,

나무사만다, 못다남, 옴도로 도로지미사바하(세번암송)

개경계

무상심심미묘법, 백천난겁난조우

아금문견득수지, 원해여래진실의

개법장진언

옴아라남아라다(세번)

천수천안관자재보살광대원만무애대비심

대다라니계청

계수관음대비주 원력홍심상호신

천비장엄보호지 천안광명변관조

진실어중선밀어 무위심내기비심

속력만족제희구 영사멸죄제죄업

천룡중성동자호 백천삼매돈훈수

수지신시광명당 수지심시신통장

세척진로원제해 초증보리방편문

아금칭송서귀의소 원종심실원만

나무대비관세음 원아속지일체법

나무대비관세음 원아속득지혜안

나무대비관세음 원아속도일체중

나무대비관세음 원아조득선방편

나무대비관세음 원아속승반야선

나무대비 관세음 원아조득월고해
나무대비 관세음 원아조등원적산
나무대비 관세음 원아속회무위사
나무대비 관세음 원아조동법성신
아약향도산 도산좌최절 아약향화탕
화탕자소멸 아약향지옥 지옥자고갈
아약향아귀 아귀자포만 아약향수라
악심자조복 아약향축생 자득대지혜
나무관세음보살 마하살
나무대세지보살 마하살
나무천수보살마하살 나무여의륜보살마하살
나무대륜보살마하살 나무관자재보살마하살
나무정취보살마하살 나무만월보살마하살
나무수월보살마하살 나무군다리보살마하살
나무십일면보살마하살 나무제대보살마하살
나무본사아미타불(세번암송)

신묘장구대다라니

나모라다나다라 야야, 나막알약바로기계, 새바라야, 마하사다바야, 마하가로니가야, 옴살발, 바예수, 다라나, 가라야, 다사명, 나막까리다라, 이맘알랴, 바로기제, 새바라다바, 니라간타, 나막하리나야, 마발다이사미, 살발타사다남, 슈반아예염, 살바보다남, 바바마라, 미수다갈다냐타, 옴아로게, 아로가, 마지로가지, 가란제, 혜혜하례, 마하모지, 사다바, 사마라, 사마라, 하리나야, 구로구로갈마, 사다야, 도로도로미연재, 마하미연제다라다라, 다린나, 례새바라, 자라자라, 마라, 마마라, 아마라, 몰제, 예혜로게, 새바라야, 미사미, 나사야, 사사미나사야, 모하자라, 미사미나사야, 호로호로, 마라호로, 하례바나마, 나바사라사라, 시리시리, 소로소로, 못자못자모다야, 모다야, 매다리야, 니라간타, 가마사, 날사남, 바라하라나야마낙, 사바하, 싯다야, 사바하, 마하싯다야사바하, 니라간타야사바하, 바라하목, 카싱하목카야, 사바하, 바나마하따야사바하, 자기라욕다야, 사바하, 상카섭나녜, 모다나야사바하, 마하라구타다라야, 사바하, 바마사간타, 이사시체다, 가릿나, 이나야, 사바하, 니바사나야, 사바하, 나모라, 다나다라야야, 나막알야바로기제, 세바라야, 사바하

사방찬

일쇄동방, 결도량, 이쇄남방득청량, 삼쇄서방구정토, 사쇄북방영안강,

도량찬

도량청정무하예, 삼보청룡강차지, 아금지송묘진언, 원사자비밀가호,
참회계
아석소조제악업, 개유무시탐진취, 종신구의지소생, 일체아금개참회,
참회진언
옴살바모자, 모지사다야사바하(三송)
준제공덕취, 적성심상송, 일체제대난, 무능침시인, 천상급인간, 수복여불등, 우차여의주, 정회
무등등
나무칠구지불모, 대준제보살(三송)
정법개진언
옴남, 옴남, 옴남
호신진언
옴치림, 옴치림, 옴치림
관세음보살 본심미묘 육자대명왕진언 옴마니반매훔(삼송)
준제진언
나무사다남 삼먁 삼못다 구치남, 다냐타 옴자례준제사바하 부림(삽송)
아금지송대준제, 즉발보리광대원,

원아정혜속원명 원아공덕, 개성취

, 원아승복변장엄, 원공중생성불도

여래십대발원문

원아역리 삼악도 원아속단탐진취, 원아상문, 불법승, 원아근수, 계정혜, 원아항수제불학, 원아

불퇴보리심, 원아결정생안양, 원아속견아미타, 원아분신변진찰, 원아광도제중생

발사홍서원

중생무변서원도 번뇌무진서원단

법문무량서원학 불도무상서원성

자성중생서원도 자성번뇌서원단

자성법문서원학 자성불도서원성

발원이귀명례 삼보,

나무상주시방불, 나무상주시방법, 나무상주시방승(삼송)

나무만덕고승 성개한적산왕대신

나무차산국내 항주대성산왕대신

나무시방법개 지령지성산왕대신

보소청진언

48

나무보보제리, 가리다리다타아다야, (三송 또는 七송암기)

유치(拜禮한다)

절이산왕대성좌, 최신최령능위능맹, 지처최용항마, 최령지시, 소재강북, 유구개수, 무원부종, 시이사바세계, 남선부주해동, 대한민국(부작 사용할 사람에 주소와 이름 생년월일을 암송하고)금차지극지성심, 헌공발원, 제자이차, 인연공덕산왕대신, 기피지 묘력으로(지금 소원의 예방관계를 말한다. 예를 든다면 관청구설예방이면 관청구설을 면하게 하여 주십시요라고 말한 후)소원성취, 지대원, 이금월금일, 건설법연, 정창공양, 산왕대신, 병종권속, 기회영감, 곡조미성, 양표일심선진삼청, 나무일심봉청, 후토성묘, 오약제군, 직전외아, 병종권속, 유원승삼보력 감일도량 수차공양 향화청, 향화청, 영산석일여래촉 위진강산도중생 만리백운청장리 운거학가 엄한정 고아일심 귀명정례 헌화진언(절세번한다)

아금 경설 보엄좌 보헌제대산왕전 원멸진 노망상심 속원해탈보리과 옴, 가마라승아 사바하(삼송)

욕건만 나라선송 정법개진언 옴람, 옴람, 옴람, 권고, (절한다)

이차청정향운공, 봉헌제대산왕전, 감찰제자 건간심, 원수애납수(三송)

원수자비애납수 사래가지 이흘 공양진언 어차향수 특신공양, 향공양, 연향공양, 등공양, 연등

공양, 다공양, 향미공양, 유원산신 애강도량불사자비, 수차공양, 보공양진언 옴, 아아나, 삼바바

바아라훔(삼송)

보회향진언

옴삼마라삼마라 미마나 사라마자가 바라훔

대산소산산왕대신

대각소각산왕대신 대악소악산왕대신

여산제처산왕대신 사회필발산왕대신

명당토산산왕대신 금괴대덕산왕대신

청룡백호산왕대신 현무주작산왕대신

사방하방산왕대신 흥산길산, 산왕대신(절한다)

소원성취진언

옴아문가 살바다라사다야시베훔(三송)

보궐진먼

옴호로호로 사야묻게 사바하(三송)

축원

앙고 제대산왕대신전 첨수연민지, 지정각방, 신통지묘력, 원아금유차일 사바세계 남선부주 해

동대한민국(주소 및 생년월일)금차 지극지성심, 현공발원제자 이차인연공덕 일일, 유천상지경시
시 무애해지재 사대강권, 육근청정 소구소원 원만형통지대원 원제유정 등삼, 업개청정 山王대승
님전에 구호길상 마하반야 바라밀

지금까지의 경문을 읽은 후 부작을 작성한다. 부작을 사용할 때는 유년보감과 예 방버법에 있는
법측을 준수하면 되지만 특히 알어야 할 것은 어떻한 예방부작을 작성하더라도 예방비법 백구십
페이지에 있는 上神이 保護하는 부작을 꼭같이 갖어야 된다. 한약을 처방할 때 감초가 꼭,들어
가듯이 부작법에도 上神이 保護하는 부작이 있어야 되는 것이다. 한약을 처방할 때 하나의 약초
만 독이있는 (효력이 있는) 약을 만들 수 없듯이 부작예방법에도 같은 方法이 취해지는 것이다.

第三編 陰陽學의 秘法

陰陽學이란 陰陽全書에서 세밀하게 설명하였다. 그러나 易學院을 경영하는 분을 爲하여 몇가지 말하지 못한 것을, 여기에 기술하고저 하는 것이다. 우리가 항상 보고 느끼는 것에서 알듯하면서 모르므로 사회적으로 망신을 하는데, 이런 것은 상식의 문제인데도 자기 혼자만 알려고 하면서 다른 사람에게는 알리지 않으려 하는 것을 보았기에 내가 아는 것은 모두 연구가를 위하여 두서없이 모두 말하는 것이다.

인생 삶에 있어서 결혼을 하여 生男을 하고 그다음은 늙은 인생의 길을, 누구나 당하는 것이다. 시작에서 끝날 때까지의 문의사항을 기술하기로 한다.

① 宮合을 보고 기재하여 주시오 할 때는 어떻게 적어주는 것이 적당하겠는가.
 우선 우리 조선종이라고 하는 문창호지를 팔절로 끊어서 편지봉투에 들어가도록 적당히 접는다. 글자는 漢文이나 國文이라도 좋겠다. 그러나 필히 붓들씨로 기술하여 주는 것이 좋겠다.

다음은,

※ 궁합보고 적어주는 법측

雁宮書

乾命 甲子年 三月 十五日 子時
坤命 乙丑年 五月 二十日 子時

乾命   坤命   (해 설)

年男子   乙丑   男金 女金하여 평탄하며 子丑이 合이 되어서 外宮이 吉하며 內宮
月戊辰   癸未   에서는 卯日未日이 三合이 되니 부부지간에 화합하니 宮合은 吉
日丁卯   乙未   합니다.
日庚子   丙子

戊午年 六月 三日 子時
서울 특별시 중구 충무로 5가
추송학 철학원 鑑平

이상의 式으로 기재하여 주는 것이 적합하다고 보겠다. 궁합을 보는 법은 陰陽全書에 참고하라

※ 約婚하는날 택일하여 적어주는 法

始婚擇日

乾命 丙子年 三月 五日生 子時

坤命 未年 九月 十一日生 亥時

約婚日 戊午年 五月 十日 午時

右日無忌日

戊午年 三月 九日

※ 結婚日을 선택하여서 적어줄 때

醮禮 日 (초례택일)

乾命甲子
坤命乙丑
奠雁 戊午年 十一月 十五日 庚戌
行禮 午時 (낮 十二時)
裁作日 十月 五日

○○○○원 選擇

周堂 無忌 (주당이 어디에 들었다)

新行 三日行 (신혼여행 갔다가 삼일안에 집으로 오라는 뜻)

右日無忌日

戊午年 八月 一日 選擇

이상의 초례택일을 기재하여서 원측은 문종이로 봉투를 만들어서 택일장을 넣는 것이 원측이나 현대는 바쁜 세대이니 흰 편지봉투에 적당히 접어넣고 봉투 後面에 붓글씨로 涓吉(연길)이라고만 적어서 주면 되는 것이다. 더 세밀히 할려면 봉투를 문종이로 모지게 다시 봉하여서 涓吉이라 쓰고 金氏宅으로 보낼 것이면 金生員宅入納이라고 기재하여도 된다. 원측적으로 쓰는 법을 말한 것이나 조금씩 방법이 다른 것은 아무 실수 되는 것이 아니라 보겠다.

④ 四柱 쓰는 法

사주란 신랑신부의 생년 월일 시를 알리는 것이다. 편지봉투에 들어갈 정도로 접는다. 접는 것은 다섯번을 적어서 제일 중간에다 그사람의 생년 월일 시를 적어 주는 것이다. 가령 甲子年 五月 十日 子時 이런식으로 적고, 십년 前만하여도 문종이로, 봉투를 만들어서 四星이라고 기재하여 三色실로 봉투를 감아서 三色을 만든 (삼겹) 책보에 싸서 신랑측에서 신부가정에 보냈던 것이나. 지금은 간단히 가방같은데 넣어서 옷감 한가지나 또는 세가지를 같이 넣어서 보낸다.

※ 四柱를 보낼때 같이보내는 편지를 강서 편지라하는 것이 있다. 강서 편지 쓰는 법은 포목상 점에 인쇄를 하여서 골고루 나누어 두었으니 그것을 얻어서 사용하면 된다.

第四編 淘宮術 (도궁술)

第一章 도궁술의 기초

운명學중에도 모르는 사람이 많고 아는 사람이 적은 學術이있다. 이 淘宮術이 바로 모르는 사람이 많으며, 특수한 맛이 포함되여 있는 것이므로 學者를 爲해서 상식적으로 알고 연구한다면 다른 學說硏究에 도움이 될까하여서 별도로 라열한 것이다.

도궁이란 것은 文獻적인 것은 못된다고 하는 사람도 있을 것이나 역시 공통된 운명에 合致되는 學文이기도 하다.

그러나 이 학설은 역학하는 사람의 그 舌卽 입에 依하여 耳에서 耳, 마음에서 마음 에의, 普及과 宣傳등에는 缺하는 곳이 없는, 周到의이다. 거기에 淘宮術特異의 立場이있다.

① 도궁술의 由來＝運命批判 神占秘術에 특별한 것은 崇嚴 高居 尊大에 擧止해서 神의 앞에 앉어 있는 것과 같이, 或은 神의 陰에 隱되여 있는 것과 같은, 體를 배워서 幽玄을 觀하는 것이 常

態이나 天玄淘宮術이란 것은 完全히 大衆의 앞에 引下해서 何人이라도 神占에널리 떨칠 수 있는 것이며 神占이라는 것도 結局 人間批判이라고 하는 點을 主로하고 있는 곳에 그 聰明함과 理論的 一般의 共鳴이있는 것이다.

神秘의 大戶를 내려놓고 있는 것을 躊躇없이 解放해서 人間大成 人格向上을 가지고 達命批判— 幸—不幸의 一般的 基礎라고 하고 있는 곳에 價値와 通一哲學的 貢獻이있다. 淘宮術의 專門的인 一種의 敎員 解說者 或은 技術者 運命批判者에는 各 奧義의 秘論을 備置해서 一般的으로 公開하면 어떠한 학설에도 있는 것이나 이 奧傳 奧義한 것을 一般的으로 더욱 解說 하면 淘宮術이라고, 하는 것은 더욱 심오함을 알 것이다.

淘宮術의 最大特徵은 席이라는 것을 設置하는 것이다. 「座席」이라는 것은 그 術語로 會合의 意味이며 講演會를 開崔한다는 뜻도 된다. 講演會를 개최하여 人心陶治 人間敎育을 하는 것이 淘宮術의 特異한 施設이다. 春雨가 되여 그렇게 많이 오는 것은 아니나. 그러나 적은 비를 맞는다 하여도 비를 맞는 草木은 各樣 各色의 운택이 날 것이다라는 이치와 같이 그 小는 座談的 講演會에 서 大는 講演的회의장으로 至할 때까지 그 「座席」에 依해 人間敎育 人心陶治에 努力하는 것은 甚히 偉大하다고 할 것이다.

淘宮術의 淘宮이라는 名을 冠하는 意味는 人身、人體는 心이라는 神 마음이 없어서는 神도 佛도 느낌이 없었을 것이다. 그럼으로 因하여 神을 느끼고 있는 마음 則 神인 것이다——를 祭藏하

58

고 있는 宮에서 그 宮을 정리시켜서、恒常清淨으로 새롭게 할려고 하는 것이 淘이다. 淘라는 字가、쌀을 찌여 또는 걸러서 淨化시키는 등이라는 意味를 가지고 있다는 것이다. 淘宮術에는 「마음을 이룬다」라는 術語가 빈번히 쓰여저 人體 人心을 清潔히 하는 것을 意味하며 淘宮의 言語 使用되여 여기에 그 秘術 秘傳을 加하여 淘宮術이 되는 것이다. 우두머리가 되여 있는 天玄은 天體의 運行은 疎忽히 안되고 人間의 生存이 天體의 運行과 重大한 關係가 있으며 大體로 自然이라고 하는 意味를 가지고 있다.

② 마음을 十二支로 해설하는 법

淘宮은 그 宿命과 運命과를 역시 區別해서 批判하고 그 正確함을 얻고 또 잘못을 얻는 運命의 方面에 全部를 集中하고 있는 것이다. 그래서 全般的인 運命은 그 神的인 마음에서 生하는 것이라고 해서 意識을 科學的으로 解剖하여 이에 極히 알기쉬운 이름을 부쳐 通俗的으로 說明하고 있는대에 慈味와 尊敬할 點이있다.

恒常 淘宮術에서 말하는 것은 마음을 정직하게 하는데 있다. 마음의 神은 흐려지기 쉬움으로 진실한 운명 판단을 할 수 없으므로 幸福은 오지 않는다.

그러므로、그마음이 어두워짐은 무엇에 依해 되느냐、外界의 事情、環境이、그렇게 하는것도 勿論이거니와 그것은 外的의 事情으로 그것은 淘宮術의 「座席」의、一員이되면、比較的 容易하게

③ 呼吸第一主義로 한다

十二地支의 順序宮을 主體로 해서 出發한 淘宮術은 그 修業, 鍛鍊의 第一步로써 呼吸第一主義를 主導하고 있다. 呼吸을 重히하라 이것이 우선 標語이다.

대체로 사람은 呼吸에 依해 生存하고 있다는 것이다. 常時不斷 其覺醒時와 睡眠時와를 關하지 않고 呼吸에 依해 人間은 살고 있다는 것을 明示하고 呼吸에 依해 生存하고 있다. 잠간 呼吸이 끊어

解決될 것이며 생명이 살아있음으로 해서 生하는 事態라 할 수가 없다. 그러므로 더욱 根本的으로 마음이 어두워지는 경향이 있다. 그 根本的인 마음이 어두움을 가저오게 하는 것을 人間은 먼저 알고 주의하지 않으면 그대로 악운을 당하는 것이다. 그러므로, 淘宮術로써는 이마음을 정리하게 하는 것을 十二로 大別해서 설명하기로 한다. 地支에 子 丑 寅 卯 辰 巳 午 未 申 酉 戌 亥 等의 十二支로 區別하여서 十二支를 개별로 別各한다면, 滋結演豊奮止合老緩墮煉實이라 이름을 부처 이것을 十二宮이라 하고 있다. 十二支의, 子와 淘宮의 十二宮의 뜻이 서로 同一하게 되여 있는 것이다.

十二宮과 十二支의 性質이 그 個人의 賢遇 柔剛, 幸 不幸, 等을 가저오게 하여 그 성질이 나타나 마음을 흐려지게 한다고 한다. 이性質을 고치고 바르게 하는데서 淘宮術은 명중되고 신비하게 널리 알려지게 되는 것이다.

지면 萬事는 쉬는 것이다. 그런故로 「呼吸은 重히하라」 하지 않으면 않된다. 坐禪、 或은 靜坐精神修養및 各種의 方法은 어느것이든 呼吸을 重要하게 하는 데에서 모든 것이 되는 方法이다. 呼吸이 重要하다는 것은 淘宮術이 說明할 것도 없으나 그러나 大部分의 사람은 그 重要한 呼吸을 十二宮의 性質의 어느 것인가에 依해 정지되여 있는 것이다.

그런故로 呼吸을 重要히하라고 強調해서 說明하고 있다고 하겠다. 이웃 사람을 볼사이 自己를 잠깐 生覺해 보면 알게 될 것이다. 사람은 性을 내면、呼吸이 平靜치 않다. 슬퍼도 苦生을 해도 울어도 或은 또 웃어도 그 呼吸은 平靜치 못한 것이다. 呼吸이 平靜치 않으면 不快하다. 人體는 阻害、되여、거기에 무엇인가의 運命的 變化가 있는 事實을 理解하여야 된다. 平靜한 呼吸일 때 가 언제인가 泰然하게 우울하지 않고、슬프지 않고 더욱 愉快할 때이다. 例證으로 理解되는 일이다.

溜息 「한숨」을 命을 깎는 鉋(대패)라고 하는 句節이 있다. 이런 句節이 있듯이 嘆息이 큰 것은 勞咳 肺病, 만을 일으킨다, 한숨을 쉬면、좋은 일이없다. 肉體的으로、故障도 있으며、精神的으로도 障害, 苦痛이있다. 가슴을 쉬고 呼吸을 重要히 하지 않으면 그 健康이 危險하다 幸福도 危險하며 不自然하고 苦痛이 生하는 것이다.

여기에 있어서 淘宮術로는 심장이 숨은 天運이다―라고 하는 標語를 붙여 呼吸 第一主義를 主張하고 있는 것이다.

그러나 더욱 그 呼吸의 亂은, 氣質 十二宮의 作用 發作에 依해 生하는 것이다. 一例로 十二宮의 一, 止의 宮에 있는 者는 陽氣로 快活하고 福祿있는 幸福한 氣質이나 半面 嫉妬 猜疑의 念慮가 深하고 多淫 또는 多情의 氣質을 가지고 있다. 그 嫉妬, 猜疑或은 多淫多情의 氣質이 生하는 呼吸의 不平靜은, 例를 들 것도 없이 想像될 것이다. 그 呼吸의 不平靜은 運命을 나쁜 方向으로 유도하고 幸福을 不幸으로 만드는 것이다. 그래서 그 地支宮의 나쁜, 氣質을 고쳐서 呼吸을 安定히 平溫히 하지 않으면 않된다.

呼吸 第一主義 그래서 地支의 硏究마음, 호림의 一掃法—이것이 原因이 되며 果가 되며 應이 되며 報가 되여 人間을 幸福에로 引導하여 좋은 運命을 즐겁게 할려고 하는 것이 淘宮術의 活動의 「스로—강」이며 그리고 또 上下貴賤의 差없이 肯定되여 信用되는 **이유도** 있다.

그러므로, 運命의 批判、鑑定占斷의 인 것은 다음에 이러나는 問題이다. 거기에 淘宮術의 存在 價値의 主張點이 있다고해도 좋을 것이다. 그런故로 淘宮術은 「人間敎의 宗團」이라고도 할 수 있으며 「常識的 通俗精神科學硏究團」이든가 또는 「辯證的 精神休養所」이라 말할 수 있을 것이다.

④ 淘宮術의 秘傳奧義

淘宮術이 그 基礎的主張이라해서 氣質轉換 運命의 變化를 强調하는 것은 먼저 말한 그 氣質 十二宮과는 어떠한 것인가는 淘宮術에 있어서는 最初에 諒解 되지 않으면 않될 일이다.

氣質十二宮이 九星의 子丑寅 等의 十二支에 相當하다는 것도 전에 말했다. 그래서 十二支는 周易의 六十四卦 中의 十二陰陽의 大卦에 發해 있는 것임으로 그 基礎는 周易의 大意가 흐르고 있다는 것으로 想像하라 大體로 運命에 關한 것은 周易을 原流로해서 있다는 것은 말할 것도 없고 周易의 偉大함과 그 解釋, 方向에 依해 幾多의 派生을 보고 있음으로 그 命助를 如何게 薄運인 者도 安心立命의 地位를 얻어 恒常 기분좋게 웃으며 살 수 있는 吉運 或은 開運을 만나게 된다. 그러나 筆者는 지금까지의 體驗, 體得에 立脚하여 發見創始된 것임으로, 平凡한 사람의 處世및 凡人 幸福法을 연구하는 것이다.

그리하여 그 考慮 檢出된 薄命 薄運을 生하는 사람의 惡氣 惡質 및 幸運, 幸福을 生하는 사람의 善氣 善質를 十二宮 十二氣質로 分類하여 大系한 것은 左와 如하며 淘宮術의 主要體의 中心要素가 되어 있는 것을 記述하기로 한다.

氣質十二宮은 ＝滋、結、演、豊、奮、止、合、老、緩、墮、煉、實로 하고 滋宮 結宮이라고 하듯이 부르는 것이나 略해서 자 결 연 풍 분 지 합 로 완 타 련 실이라는 符號로 부르기로 한 것이다. 그 性格과 그 質, 그 運氣, 運勢는, 十二支의, 子丑寅等의 性質 運氣 運勢 等殆半이 同一하게 解釋되어 說明되어 있음으로, 後의 十二支의 各, 性質運勢로 보기 바란다.

⑤ 氣質 十二宮을 地支 十二支와 대조하기로 한다

1 滋는 十二支에서는 子年에 해당하며, 複殖 節陷 等으로도 名付하고 있다. 福祿充滿하는 氣質의 善을 가지고 있는 것이나 그 半面에는 吝嗇 恥를 모른다고 하는, 氣質이 있다.

2 結은 十二支에서는 丑年에 該當하며 凝堅 紐延 等으로 해석할 수 있다. 每事를 嚴守하고 確實한 氣質의 善을 가지고 있는 것이나, 그 半面에는 頑固無精 或은 臨機應變의 才에 缺하는 氣質이 있다.

3 演은 十二支에는 寅年에 該當되며 昇猛進 等으로 비교할 수 있으며 잘 理非를 判斷하여 大衆에 해당한 氣質의 善을 지니고 있는 것을 알 수 있으나 그 半面에는 威를 가지고 사람을 脅迫하여 細事를 경솔히하는 氣質이 있다.

4 豊은 十二支에서는 卯年에 該當되어 泰山靜 等이라고 이름지어져 있다. 溫和寬裕 잘 人愛을 받는 氣質의 善을 가지고 있는 것이다. 그 半面에는 朝寢 夜更美食을 **좋아하는** 氣質이 있다. 너무 느저서도 성공하기 어려운 運이 癖(버릇)이 있다. 급속 成功할 려면 그 反對로 실패된다.

5 奪은 十二支에는 辰年에 該當되여 運破曲 等이라고 이름지어져 있다. 勇往邁進危險을 겁내지 않은 勇氣 氣質의 善을 가지고 있는 것이다. 그 半面에는 剛復하여 上을 犯하고 下를 涯하

는 氣質이 있다.

6 止는 十二支에는 巳年에 該當되여 疑愛留 等으로 이름을 부치고 있다. 官祿이 크게 가추어지고, 十二宮中第一의 幸運에 있는 氣質의 善을 가지고 있는 것이나 그 平面에는 嫉妬猜疑心 强한 氣質이 있다.

7 合은 十二支로는 午年에 該當되며 充盛 等으로 名付되여 있으며 快活陶氣運이며 未知의 사람과도 속히사귀는 氣質의 善을 가지고 있는 것이다 그 半面에는 虛榮 流行을 쫓는 페단이나 荒淫의 氣質이 있다.

8 老는 十二支에서 未年에 該當되여 鬱薄考 等도 名付되여 있고 丁寧親切 人情에 두터운 氣質의 성품을 가진 것이나. 그 平面에는 柔弱怯懦로 苦勞絕하는 氣質이 있다.

9 綏는 十二支에는 申年에 該當되여 辯幸重 等等으로 이름부처있다. 속 변화가 많은 것이다. 나가서는 사람의 설득력을 하는 氣質의 善을 가지고 있는 것이나 그 半面에는 輕佻浮薄해서 沈着되지 않은 氣質이있다.

10 墮은 十二支에는 酉年에 該當되여 脫謀內 等으로 名付되여 있고, 聽明怜悧로 器用, 배우지 않어도 모든 일을 할 수 있으며, 臨時應變의 本質이 豊富한 氣質을 가지고 있는 것이나 그 半面에는 秩序를 지키지 않코 一獲千金하려는 성품의 氣質이있다.

11 煉은 十二支에 成年에 該當되며 偏窮盈 等으로 해설할 수 있으며 勞苦를 辭하지 않고 忍

耐力이 富하며 一事를 遂行할 氣質의 善을 가지고 있는 것이나 그 半面에는 小理를 腹中에 蓄積하여 사람들과 和合치 않고、不氣嫌等의 氣質이있다。

12 實은 十二支에는 亥年에 該當되여 賃 到 進 等으로 해설할 수 있으며 正直하며 일을 處理하여 速快的인 氣質을 가지고 있는 것이나、그 半面에는 一剋一途로、사람을 사용하지않고 말에 愛嬌가 없다고 말하는 氣質이 있다。

第二章 淘宮術運命判斷法

心理學이나 趣旨가 포함된 노래를 가지고 極히 平溫하게 于先人心陶治 人身健密을 勸하고 그리고 그 處世的 機構에의 圓滿을 說明해서 말하는 淘宮術의 運命判斷法은 比較的 單純하다 所謂 淘宮術의 奪門的 技師 무엇무엇 敎正이라고 하는 肩書를 所有하는 것이다 그 一派의 사람들은 그 職業的 意識이나 他의 心理的 狀態에서 甚히 複雜한 深奧한 技術이 있는 뜻이 더 많을 것이나 그 原理는 그다지 複雜하며 困難한 것이 아니다。

如何히해서 幸福을 招來하느냐 如何히해서 薄倖을 除去하느냐 或은 또 如何한 運命 或은 運勢의 吉凶이 있는 것인가의 判斷 鑑定을 하는 方法으로써 三輪의 法을 가지고 行하게 하는 것이다。

※ 三輪의 法이라는 것은 大輪 中輪 小輪이라 이름지은 三種의 方法으로 大輪은 一般에 流布되어 조금 淘宮에 뜻이 있는 것은 바로 解釋되는 方法이며 中輪및 小輪은 淘宮所에 入門해서 斯道의 免許를 얻지 않으면 모르는 것으로 되어있다. 그러나 그것은 조금 연구하면 이해하는 것이며 淘宮術을 조금 이해하면 淘宮術 그 自體가 常識을 基礎로해서 이에 그 常識이 加해져 凡的인 해석을 施行해서 그 才能에 順應해서 判斷하는 것이므로 연구할수록 困難한 것이 아니고 難解한 것도 아니다.

現在에 있어서도 過去에 있어서도 一年은 三百 六十 五日이라 計算하는 것을 普通 一般으로 하고 其 一年에 姙娠해서 出生하는 날을 一般에 있어서는 十個月 二百十日이라고 되어있으나 淘宮에는 二百 六十 五日을 가지고 出生 한다고 되어있다. 이것은 조금 一般과 틀리는 것이나 一個月을 三十日로 해서 九個月로 하는 것이 淘宮의 法則이며 所謂 十月十日의 滿月이 되어 出生한다는 計算 보다도 醫科 學的으로 數字上은 實際에 가까운 것이다.

거기에서 三輪인 것이나 二百 六十 五日 九個月만에 生하는 人間이 胎內에 드는 해를 大輪 그 胎內에 들은 달을 中輪 가진날을 小輪이라 해서 그 三輪의 組立에 依해서 그사람의 氣質을 定하여 生涯의 運勢 其他를 判斷하는 것이다. 例컨대 寅年의 巳月 卯日에 母胎에 잉태되는 사라은 演(寅) 止(巳) 豊(卯)으로 되는 것이다. 그래서 十二宮의 氣는 十二個月만에 [例컨대 滋를 一月로해서 次下 十二個月에 맞춘다] 配當되어 있으므로 이에 依해 九個月前에 다시 회전하여 나가 簡

單히 二輪 [大輪과 中輪의 組立]의 方法에 의해 判斷鑑定을 얻어 大意를 아는 것도 첫째 방법이다. 그러나 그렇게 귀찮지 않은 淘宮術은 三輪에 八品을 붙여서 더욱 빠르게 명확히 운명을 얻도록 하는 것이 좋을 것이다.

※ 三輪의 組立과 八品이란

三輪의 組立, 旣組立은 淘宮에 있어서 그 運命鑑定의 秘術로써 重大한 組織이다. 이것 없이는 그 氣의 源泉을 알 수 없는 것임으로 差에 簡單히 逑하기로 한다. 그와 같이 淘宮術運 命判定에는 그 氣質을 詳細히 하고 있는 것이다 病患—十二官에 附隨되는 病患을 必히 말하고 있는 것이 特徵이며 如何한 名醫를 만나더라도 그 病患이 順調로히 快癒되지 않는 것은 그 氣質이 十二宮의 凶에 해당 하는 것이므로, 參考로 供하는 것이 좋겠다. 더욱 그 組立은 淘宮術의 符號 滋結 等에 하지 않코, 比較的 一般的이며 알기 쉬운 것도 後에 逑하는 十二支 各相當者의 性質및 一代의 運勢와 對照할 便宜를 爲하여 子丑寅의 十二支를 써서 記錄한다.

※ 子(滋年)의 사람의 組立

子와 子(子의 해와 子月 子日이 或은 子月의 子의 날 또는 子日生이 子의 時에 出生하였다면 以下 어느 것이든 그 意味로 年月日生等의 言語를 省略한다)와의 組立은 **서서히 福分을 增한다**。

氣質은 朦朧해있으며 顔色은 蒼白하여 活潑치 못하고 子宮病 淋疾 溜飮等의 病患이 있다. 子와 丑과의 組立은 敗하지 않고 福分에 乏하며 緣組나 住所가 變하는 일이 있다. 子와 寅과의 組立은 敗하지 않고 吉하나 福分에 乏하고 緣組나 住所가 變할 때가 있다. 子와 寅과의 組立은 敗에 逆해서 敗하는 일이 있다. 子와 卯와의 組立은 크게 福分에 惠澤으로 더우기 敗가 없으므로 大吉하다. 子와 辰과의 組立은 그 福을 破壞하는 일이 있다. 그러나 卑賤의 業務에 服從하면 福分을 增加시키는 일이 있다. 子와 巳와의 組立은 적다고 하는데서 順次로 大에 미치면 吉. 子와 午와의 組立은 크게 福이 있다. 그러나 크게 敗할수도 있다. 子와 未와의 福分은 乏하나 敗하지는 않는다. 住所緣故가 變하는 일이 있다. 子와 申과의 組立은 친우에 德은 있으나 職業을 變하면 失敗한다. 子와 酉와의 組立은 次第에 福을 增하나 不義理, 不人情이면 그 福이 破壞된다. 子와 戌과의 組立은 賤業에 從事해서 福을 얻는다. 그러나 怒하기 쉬우며 運을 破壞한다. 子와 亥와의 組立은 福分이 重複되어 晩年에 幸福을 얻는다. 併해서 短氣와 獨斷에 依해 運을 破壞하는 일이 있다.

※ 結(丑年)의 사람의 운세

　丑과 丑의 組立은 福分에 乏하나 正直하면은 행복을 받는다. 搶毒 疹癬 腫物에 惱를 쓰게 되는 일이 있다. 丑과 寅과의 組立은 勢力은 있으나 福分은 그것과 比例되지 않는다. 丑과 卯와의

組立은 福分이 있으며 吉하나 中氣를 내는 일이 있다. 丑과 辰과의 組立은 活潑하며 進取의 氣質에 富해있으나 特出한 擧動이 나오는 일이 있음과 同時에 精神衰弱의 狀態가 되는 수가 있다. 丑과 巳와의 組立은 크게 福分에 쌓여있으나 질투해서 길을 破壞하는 일이 있다. 丑과 午와의 組立은 福分이 있으며 힘도 强하나 特히 女子와 酒로 因하여 失敗하는 일이 있다. 丑과 未와의 組立은 物件을 固守하여 失敗를 生하지 않는 것이나 취미 苦勞에 빠지는 일이 있다. 丑과 申과의 組立은 金錢에 因緣이 있으나 忍耐(참)지 않으면 發展 成功이 않된다. 丑과 酉와의 組立은 器用도 있고 金錢에 因緣도 있다. **丑과 戌과의** 組立은 嚴格한 氣象으로 每事에 角을 내기 쉽다 瘡毒을 이르키는 일이 있다.

丑과 亥와의 組立은 陰氣며 憂울한 心情을 除去하지 않으면 開運되지 않는다. 丑과 子와의 組立은 福分이 있으나 過飮의 患을 입는 일이 있다.

※ 演(寅年)의 사람의 組立

寅과 寅과의 組立은 官位와 福分과 共히있으나 거만이 禍가된다. 寅과 卯와의 組立은 大吉하며 敬을 받으나 中氣 脚氣 血壓 等의 病患이 되는 일이 있다. 寅과 辰과의 組立은 活潑하나 同時에 强情하며 거만해서 怒하기 쉽다. 開節의 고민이 있다. 寅과 巳와의 組立은 官位도 福分도 말할 것 없이 大吉하다. 寅과 午와의 組立은 豪商 棟領 黨首 等의 性이 있어 吉하나 狂氣 亂心의 危險이 있다. 寅과 未와의 組立은 中의 下라고 하는 運으로 住所가 變하는 일이 있다. 寅과 申과의 組立은

※ 豊(卯年)의 사람의 組立

卯와 卯와의 組立은 官福共히 充分하나 女子와 酒을 注意하지 않으면 大失敗가 있다. 瘡毒 脚氣 過飮의 病變이 있다. 卯와 辰과의 組立은 一藝에 達하는 氣運 너무 性急해서 運을 不吉하게 하는 일이 있다. 卯와 巳와의 組立은 生覺한 일을 必히 遂行할 수 있는 大吉의 運氣이다. 卯와 午와의 組立은 金錢의 出入이 盛況한 것을 모르면 失敗가 있다. 卯와 未와의 組立은 智識에 豊富한 氣運이있으나 陽氣가 아니면 敗한다. 卯와 申과의 組立은 平運이며 忍耐가 肝賢耳나 眼의 病難이 있다. 卯와 酉와의 組立은 智謀가 있어 一藝에 達할 氣運이다. 卯와 戌과의 組立은 福分이 있으나 剛情으로는 破壞된다. 卯와 亥와의 組立은 福分 맣고 大吉하나 中氣 氣脚의 病難이있다. 卯와 子와의 組立은 福分이 官位 福分이있어서 敗하지는 않으나 脚氣 過飮의 病難이 있다. 卯와 寅과의 組立은 福分이 富하여 組立은 平運하며 順調하나 晩年에 運氣가 閉塞되는 일이 있다. 卯와 卯의 組立은 平運이 있다.

忍耐와 貞實等을 지키면 才智있는 英雄이 된다. 寅과 酉와의 組立은 財産에 富하고 才智에 富하여 金鐵의 因緣도있으나 惡用하면 運을 破壞한다. 寅과 戌과의 組立은 短氣로 因하여 일을 敗하며 남녀교재로 負傷하는 일이 있다. 寅과 亥와의 組立은 官位는 있으나 福分이 薄하다. 격정되는 일이 있다. 腦病의 憂가있다. 寅과 子와은 組立은 官位 福祿을 具備되어 있으나 大事는 계획하지 않는 것이 좋다. 寅과 丑와의 組立은 福分은 薄하나 官位는 充分하다. 頭痛의 念慮가있다.

大吉하나 筋이 달릴 病難이 있다.

※ 奮(辰年)의 사람의 組立

辰의 組立은 非常히 活潑함으로 性急함을 참고 忍耐하면 開運되는 것이다. 辰과 巳와의 組立은 一藝에 뛰여난 氣運 慢心해서 行止를 注意하지 않으면 된다. 辰과 午와의 組立은 金錢의 出入이 많은 氣運이나 酒와 女子와의 難이 있다. 腦를 앓는 일이 있다. 辰과 未와의 組立은 緣組또는 住所가 變한다. 氣鬱이 凶의 基礎이다. 辰과 申과의 組立은 勢力이 强하게 金錢에 因緣이 있다. 그러나 傲慢을 念慮한다. 辰과 酉와의 組立은 活潑하며 一藝에 뛰어난 才能이 있으나 謀略을 좋아해서 失敗하는 일이 있다. 辰과 戌와의 組立은 剛情一途로 花柳病의 難이 있다. 過飮 美女를 注意하지 않으면 된다. 辰과 亥와의 組立은 平運을 내려가는 氣運으로 失敗하는 일이 있다. 辰과 子와의 組立은 中運이며 瘡毒 腎臟病 等이 있다. 辰과 丑와의 組立은 一徹로 活潑圓滿하면 好運이다. 辰과 寅과의 組立은 사람의 위에 스는 氣運 그저 進行하는 것을 알고 退하는 것을 모르는 氣質로 運氣를 破壞한다. 辰과 卯와의 組立은 福分이 있으나 性急해서 損을 본다.

※ 止(巳年)의 사람의 組立

巳와 巳와의 組立은 福分이 富해서 幸福하나 嫉妬心에 依해 破壞된다. 巳와 午와의 組立은 金

錢에 因緣이 많으나 그마음가짐으로는 後年에 失敗한다. 巳와 未와의 組立은 吉運이나 住所가 變하는 일이있다. 巳와 申과의 組立은 官福共히있으나 逆氣가强함. 巳와 酉와의 組立은 諸藝에 通해서 幸運하나 恒常 謀略을 좋아해서 失敗하는 일이있다. 巳와 戌과의 組立은 融通이 되지 않고 剛情 改心하지 않는 限은 開運되지 않는다. 巳와 亥와의 組立은 吉運으로 官福 具備되어있다. 巳와 子와의 組立은 크게 福分이있으나 中年에 빈천하다 火難 劍難 逆上 眼이나 빠지는 일이있 의 組立은 官祿 말할 것없이 大吉하다. 巳와 卯과의 組立은 諸事意의 대로 官昇 共히 大吉이다. 胃心臟의 病難이있다. 巳와 丑과의 組立은 一代破壞 되지 않은 福分이있다. 巳와 寅과의 組立은 사람의 言語를 쓰지않고 非難을 받는다. 巳와 辰과의 組立은 사람의 言語를 쓰지않고 非難을 받는다.

※ 合(午年)生 사람의 組立

午와 午와의 組立은 金錢 米穀의 出入이 大端히 많다. 午와 未와의 組立은 運氣의 破壞는 없으나 住所의 變疾咳의 苦生이 있다. 午와 申과의 組立은 金錢에 因緣이있어 크게 福分이 있다. 午와 酉와의 組立은 中運이나 虛榮으로 因하여 福分을 敗하는 일이있다. 午와 亥과의 組立은 福分이있어 他보다도 幸福을 받어 破壞되는 일이없다. 午와 子와의 組立은 吉運으로 福分이있다. 午와 丑와의 組立은 金錢의 出入많으나 貯蓄이 肝要胸의 痛증이나 言語가 막히는 때가 있다. 午와 寅과의 組立은 功名과 手段이 있는 幸運

이다。 午와 卯와의 組立은 福分이 많다。 失敗는 酒와 女子에 依한다。 午와 辰과의 組立은 散財많고 反逆 煩憫 逆上等의 恨이있다。 午와 巳와의 組立은 華美를 좋아하고 金錢의 出入이 많다。

※ 老(未年)의 사람의 組立

未와 未와의 組立은 마음이 바르고 청렴하며 구부러지는 것이 싫다。 一藝에 達하는 吉運이나 住所 緣組에 變하여 憂鬱한 것이 凶이다。 未와 申과의 組立은 福分이었으나 緣組는 한번 濟한다。 職業도 變한다。 未와 酉와의 組立은 官祿은 있으나 謀計에 지나지 않는다。 未와 戌과의 組立은 고집과 剛情 等을 徐去치 않으면 開運이 되지 않는다。 未와 亥와의 組立은 中運으로 才智와 官位恩澤을 보고있다。 未와 子와의 組立은 每事에 세밀히 하고 福分이있다。 瘡毒 子宮病의 難이있다。 未와 丑와의 組立은 福分은 薄하나 敗가적다。 陽氣가 있으면 幸福이 온다。 未와 寅과의 組立은 中運이다。 官位는 있으나 福分은 薄하다。 未와 卯과의 組立 聽明으로 官福은 具備되어있으나 酒와 女子와의 **실패**가 있다。 未와 辰과의 組立은 고집에 依해 運을 敗한다。 습진 瘡毒의 難이있다。 未와 巳와의 組立은 官位와 福分에 감싸여있으나 嫉妬로 敗할 念慮가있다。 未와 午와의 組立은 金錢의 出入이 많다。 散財가 많다。

※ 猿(申年)의 사람의 組立

申과 申과는 組立은 官福이 있어 英雄의 氣運이 있으나 주선하기 좋아하여 心勞 絶對하며 腦病이 있다。 申과 酉와의 組立은 才智 깊고 工夫에 富하고 邪心이 있음으로 困難 當하는 일이 있다。 申과 戌와의 組立은 傲慢하며 輕率하는 버릇이 있어 運은 妨害하기 쉽다。 申과 亥와의 組立은 金錢에 因緣이 있어 器量이 있으며 큰일은 좋으며 破壞는 적은 것이다。 申과 子와의 組立은 福分이 있으나 八方에다 손을 뻗쳐 損害가 있다。 申과 丑과의 組立은 福分은 적으나 忍耐하면 吉하다。 申과 寅과의 組立은 英雄의 意志가 있고 泰平한 社會에서는 奸賊의 念慮가 있다。 申과 卯와의 組立은 官位福分共히 크게 구비되여 있으나 惰〈게을러서〉破壞되는 일이 있다。 申과 辰과의 組立은 너무 活潑해서 運이 破壞된다。 申과 巳와의 組立은 中運으로 官福이 크게 具備되여 있다。 申未와의 組立은 英雄의 意志와 謙遜午와의 組立은 조금 野心이 있어 金錢의 出入이 盛況하다。 申未와의 組立은 英雄의 意志와 謙遜의 德等을 兼備되여 크게 좋은 것이다。

※ 墮(酉年)의 사람의 組立

酉와 酉와의 組立은 智慧가 있어 器用으로 金錢에 因緣이 있다。 福運이 있다。 그러나 邪心이 조금 있는 것을 除去하지 않으면 幸福은 오지않는 것이다。 酉와 戌와의 組立은 溫和하며 晴晴하며

金錢이 손에 들어온다. 酉와 亥와의 組立은 智慧가 깊고 一藝에 뛰여나 있다. 酉와 子와의 組立은 中運上에 一藝에 上達된다. 酉와 丑과의 組立은 福分은 얇으나 金錢에 因緣이 있어 敗하지 않는다. 酉와 寅과의 組立은 吉運으로 一藝에 發展 上達한다. 酉와 卯와의 組立은 決斷이 速해서 官福에 惠況이있다. 聰明叡智이다. 會社 寺法은 이 組立이다. 酉와 辰과의 組立은 吉運이며 剛勇, 智謀 目的을 達成하는 것이다. 酉와 巳와의 組立은 官福이있어 智謀에 吉하다. 酉와 午와의 組立은 虛榮 虛飾 散財하는 華美性이다. 頭痛 성병의 難이있다. 火難도 있다. 酉와 未와의 組立은 中運의 下 智慧가 있으나 財損有다. 酉와 申과의 組立은 雄大하나 실패가 있어 上進하는 것을 좋아하는 것이나 좀 중단하다.

※ 煉(戌年)의 사람의 組立

戌과 戌과의 組立은 剛情으로 運氣를 破壞한다. 戌과 亥와의 組立은 一藝를 貫徹시키는 것이나 사람과 和合되지 않으면 開運되지 않음. 戌과 子와의 組立은 福分은 있으나 文書의 難이있다. 戌과 丑과의 組立은 陽氣로 員滿하지 않으나 開運의 難이있다. 要주의 신경통 증의 괴로움이있다. 戌과 寅과의 組立은 官位福分이 조금있으나 性急해서 損이다. 戌과 卯와의 組立은 怒해서 運氣를 破壞한다. 戌과 辰과의 組立은 刀傷을 입어 論爭으로 如終한다. 戌과 巳와의 組立은 中運이며 福分이있다. 戌과 午와의 組立은 金錢의 出入은 있다. 戌과 未와의 組立은 衰運에 近하고 住所의

76

變化가 있다. 戌과 申과의 組立은 金錢에는 因緣이 있으나 慢心에 依해 非難을 받는다. 戌과 酉와의 組立은 運은 吉하지는 않으나 金錢에는 因緣이 있고 智慧도 있다.

※ 實(亥年)의 사람의 組立

亥와 亥와의 組立은 官位 福分公히 充分히 具備 되어있으나 胃 心臟脚氣等에 加해서 花柳病의 難이 있다. 亥와 子와의 組立은 福分이 있어 크게 保存된다. 亥와 丑와의 組立은 吉運이나 福分은 薄하다. 亥와 寅과의 組立은 官福公히 있으나 運氣가 滯할 때가 있다. 亥와 卯와의 組立은 官福이 크게 具備되어 大吉하다. 亥와 辰과의 結合은 長命하며 一藝를 貫徹하나 慢心과 剛情 때문에 福分을 破壞하는 일이 있다. 亥와 巳와의 組立은 福分에는 크게 도움을 보게되어 있으나 心臟病溜飮의 難이 있다. 亥와 午와의 結合은 福分은 薄하나 散하기 쉬운 中運이다. 亥와 未와의 結合은 一藝를 成就 시키는 것이 된다. 亥와 申과의 結合은 도움이 있으나 官位 福分을 지키고 있으면 吉하다. 亥와 酉와의 結合은 中運이며 官位福分共히 있고 諸藝에 통하는 것이다. 亥와 戌와의 結合 他의 말을 듣지 말것 運氣를 破壞하는 것이다.

이 結合과 滋結演等 氣質十二宮等을 基礎로해서 다시 觀相및 八品을 가지고 運命의 判斷鑑定을 하는 것이 도궁술의 감정법이다.

八品이라고 하는 것은 甲貝草木蟲魚鳥獸을, 順次로 位置를 定해서 그것을 易의 應爻比

爻와 같이 配置해서 陰陽을 정리하여 調査하는 것이다. 그 專門者의 技術도 區區함으로 一般的으로는 八品은 그렇게 重要하지 않음으로 省略해서도 宮術의 運命 判斷에 重大한 關係를 가진 觀相의 方法을 述하는 것이다.

이상의 법측으로 每年의 운수를 보아도 된다. 子年生이 子年을 만나면 어떠한가를 알 수 도 있으며 宮合볼 때 子年生이 丑年을 만나면 어떻게 된다고도 말할 수 있는 것이다. 여기 도공술을 기술하는 것은 역학자가 연구하는데 필요히 이용할 가치가 있다고 생각이 들기 때문이다.

第五編 易學의 상식

易經은 中國五大書의 하나로 君子의 常道를 講議한 것이다. 그 淵源은 實로 三千年에 達하고 文字의 나라 禮儀의 나라로, 그리고 東洋精神文化의 精華를 誇示한 것이 易經으로 나왔다고도 할 수 있다. 敎學의 礎石을 쌓은 聖孔子도 亦是 이것을 嫉視하여 易經에 準한 卜筮를 한 것은, 그 權道를 알았다고 할 것이며 修身齊家, 모두 周易에 나와 있다고 본다.

第一章 運命을 아는 易의 起源

伏羲氏로부터 三千年이 된다고 한다. 周易은 모든 運命을 아는 方法, 或은 運命暗示의 根本原理基礎方法이 되여있는 것이다.

現在에는, 單純히 易經으로써 一漢書와 같이 解釋되고 歐文의 硏究와 그 輸入에 寧日없는 이지만 易經은 實로 單純한 文字의 書册이 아니라 이것으로 나라를 다스리고 이로써 집안을 이룩하고, 이것으로 修身한 經書였다. 易의 創始者伏羲氏는 三千年 前中國을 다스린 聖人으로 伏羲氏

가 卜筮의 法을 始作한 것도 聖人神明에 기도하고 著를 만들었다고만 되여 있고、 그 詳細한 것은 相想以上이고、 記錄에는 없다. 이렇게 하여 伏羲氏는 神前에 기도하여 卜筮의 法을 體得하고 모든 사람들이 이 卜筮에 依하여 疑問을 품고 未來를 豫測하고 이것으로 神前에 **암시를 하는** 方法으로 삼았다. 物資豊足하고、生活難이 없는 原始時代의 百姓이 무슨 不可思議에 부딪치면 卜筮을 잡고 神占을 請한 狀態는 想像만해도 愉快한 일이 아닌가? 病者가 생겼다. **醫師**가 없든 時代―卜筮로 神에 占하면 神占이 내리는데 素朴한 原始人은 神을 存敬하여 그 神占의 指示대로 하였다. 그리고 病이 낳으면 새삼 神을 敬拜한다. 그러나 原始時代가 髣髴하게 우리에게 想像된다. 서 中國의 理想的善政、福利의 時代堯舜의 時代를 지나 사람이 서로서로가 自業을 알고 人口도 增加하고 武力萬能時代、 爭鬪、 爭覇、 꼬리를 물고 이러나는 波爛、 그러다 드디어 周의 時代를 맞었다. 亂鬪抗爭에 싫증난 백성들은 周의 天下에서 泰平한 生活을 즐기게 되였을 때、 周의 文王은 王者의 治道로써 그 時代의 國礎를 모와서 國礎를 쌓아올리고저 했을 것이 易經이다. 그래서 當時의 大學者、當時의 叡智를 誇示하는 面面이 會合하여 硏究하고 編纂한 것이 易經이다. 文王의 子、周公旦은 또 文王의 뜻을 받들어 그 聽明을 發揮하여 깊이 國家의 安泰를 念慮하여 衆智를 모아 傳統的으로 計數的인 易道를 研究하여 實證하고 易經을 完成한 것이라 한다. 또한 易의 基礎分子는 所謂八原子로부터 成立되었다. 原始人아니라 할지라도 直接生存에 必要하고 또 그 存在가 사람에게는 너무나 크 고손이 닿지 않는 것을 알고 神을 생각지 않을 수 없게 되는 학물이다.

天、澤、火、雷、風、水、山、地의 現象을 基礎原子로 하고 있다. 이 八原子의 配合의 理를 생각하고 森羅萬象을 卜筮하여 人事의 吉凶을 論하고 있었든 것이 伏羲氏以來의 易道였고 周公旦 宇宙間의 現象 一切에 關해서 무슨 一定한 方則이 있어 그 方則에 따라 宇宙의 現象이 運轉되는 것이라는 推理를 놓고 研究되고 夏殷二代 一千五百年間에 亘하여 善智、賢者、大武力者의 生涯와 그 吉凶禍福의 事歷을 考慮하여 여기에 易道를 適合시켜 끝내 森羅萬象의 運動은 一로 하고 三百 八十四爻의 範圍를 벗어나지 않음을 證明해냈다. 이것은 實로 감탄할 研究로 八原子八卦를 갖이 고 森羅萬象을 觀察하고 그 爻三百八十四의 範圍를 벗어나지 않고 그 三百八十四爻에 依하여 모 든 現象을 觀察하고 豫知하고 指示해냈다는 것은 常人에게서는 到底히 해내지 못할 大努力과 해 낼 수 없는 大發見이였다.

이리하여 周公旦에 依해 象辭爻辭를 完成하여서 易經은 完成된 것이다 이렇게 完成된 卜筮는 하 나도 的中 안됨이 없고 周의 代는 泰平하여 王者는 崇敬의 王이 되였든 것이다.

그러나 周公旦에 依해 完成된 易經의 爻辭는 그 文章의 妙로 해서 간단히 연구해서는 그 眞意 를 捕捉키 매우 困難했다.

그렇기 때문에 大聖孔子도 세번、이것을、反覆하고서야 完全히 그를 讀破하고도 通達했다고는 할 수 없다고 하며、내 五十以前에 易을 배웠드라면 大過없었을 것이라고 嗟嘆할 程度로 深奧한 學文인 것이다.

大聖孔子는 三千의 門弟를 가르쳐 나왔으나 孔子로 하여 易經의 眞意를 깨닫고 그 深奧함에 到達한 者는 끝내 易經을 他界한 顏淵弟子程度일 것이라고 恨嘆하여 講書를 덮었다고 傳한다 이와같이 周易은 單純히 現代人이 알고 있는것과 같이 그렇게 輕薄하고 迷信的인 것이 아니라 四聖이 全精力을 傾注하고 精勵한 然後에 纂出된 것으로 그 眞理實로 深奧한 것임을 誇解됐을 것으로 본다. 國文을 常識語로 하고 漢文을 廢止한다는 現代에 있어 여러분은 이미 易經의 素讀이 困難하고 况次 그 뜻을 理解하기 困難하리라 생각되나. 易經이라 하지말고 單純히 六十四卦를 學問的으로 科學的으로 基礎로 한 各卦의 一章一句를 檢討하시면 雜書에 優位하는 有効한 讀書가 될 것이다. 다시말하건대 이 運命을 아는 基礎知識을 얻었다면 그 利益은 매우 높은 것으로 周易은 絶對輕蔑할 것이 안된다. 이것을 使用하는 사람의 意志에 달려있는 것이다. 또한 역학을 判斷하는 思念의 如何에 따라서 周易은 萬人의 蔑視에서 驚嘆으로 바꿀것을 疑心치 않는다.

第二章 周易의 原理用語 및 六十四卦

※ **神意를 깨닫는 特別用語**

易은 宇宙의 森羅萬象을 天雷火雪風水山地의 八原子에 要約하여 낮이 있으면 밤이 있고 滿潮있으면 干潮있어 天地自然의 모든 陰陽或은 奇偶의 理를 明白히 하고 造化의 秘蘊을 闡明하고 모든

現象을 解釋하는 것이 主體다. 이것은 單只 趣味로 되는 것이 아니고 易道에 비추어 神意를 體得하고 할 수 있는 것으로 嚴正公平愼重無思個人의 誠心을 떠나 비로소 그 올바른 判斷을 얻을 수 있는 것이다.

故로 그 神意를 깨달은 術語가 많다. 神意를 알고 말로써 하는 것이니 말 그것도 매우 寓話的으로 暗示에 넘쳐 있다. 卜書秘典을 참고 하라.

易=우리가 日常語로 하고 있는 易이란 말이 이미 매우 寓意가 있는 것이다. 易이라는 文字는 日月을 合해서 된 文字로 日月의 二大光明이 照射하는 곳, 무엇이든 明白히 그 正體가 나타날 것이다. 日月 두字를 옆으로 쓰면 明字가 되여 明照함을 나타낸 것이다. 易이 日月을 性으로 하고 그 明을 備하였다. 그 易에 따르면 天地、宇宙間 一切의 理와 그 움직임이 明瞭하게 되는 것을 나타낸 것을 말한 것이다.

道=道는 모든 것에 通하여 萬物을 밝게 할 수 있으나 文字 그 自體에서 말하면 목(首)이 달린다는 뜻을 갖이고 있다. 목은 사람만이 아니고 모—든 動物中樞神經을 保有하는 머리(頭)란 뜻이다. 머리에서 우러난 理智를 다한 心魂이 달려 神에 通한다는 것이 이 道字의 字義다. 即 神道意에 通하여 過誤가 있을 수 없다.

卦=卦字는 易의 中心的인 八卦의 卦다. 卦는 畵字와 같은 事物을 限界지운다는 뜻이다. 그런 故로 土字를 두개 겹쳐서 萬物의 卦子의 形象을 그리고 사람에게 萬物의 限界를 提示한다. 萬物原

爻 = 爻도 易의 特殊用語다. 爻라하는 文字는 交와 같은 뜻이다. 卦를 겹치고 原子各個의 結合에 依하여 그 性情의 好惡를 나타내고 變動과 流通을 나타내는 것이다.

象 = 이 字도 易의 判斷에 늘 쓰이는 文字다. 卽卦 辭에 依하면 如斯如斯된다고 하는 式인데 이 字의 뜻은 六十四卦의 體材象議를 統一하고 總論으로써 萬古의 名敎道義의 標識이 되있는 것이다.

象 = 象은 形이며 萬物의 性情을 알고 上下卦의 結合에 依하여 愛憎好惡의 뜻을 다하는 것이다.

이 象의 大意는 모든 것을 大觀함을 意味한다.

吉 = 吉凶禍福 이것은 易의 判斷結果를 말하는 것으로 易에서 반드시 따라다니는 글字다. 吉이란 字는 利得 모든 善幸의 意味에 使用된다. 文字의 意味는 선비 士밑에 口가 있어 선비에 二言이 없고 모든 것이 正確하고 올바르고 不善이 없다는 뜻이다.

凶 = 凶은 吉의 反對다. 모--든 不善不幸을 意味하는 것이다. 땅(地)을 파고 모든 것이 그 땅구멍에 빠진다는 字義를 內包하고 있어 道에 反하여 善幸의 意味를 內包하고 있어 道에 反하여 善幸禍害에 遭遇함을 뜻한다.

悔 = 悔字도 易의 말中에 종종나타난다. 悔는 後悔의 悔로써 때때로 失錯하여서 悔悟하고 善을 좇는다는 뜻이다. (후회의 뜻이다)

吝 = 吝字도 잘쓰이는 글字로 吝이라 함은 失錯해도 이것을 改善하지 않고 다만 남에게 알리는 것

第二章 陰陽八卦의 根本의 뜻

易은 八卦를 세우고 보는 것이 原則이다. 그리고 易은 모두를 陰陽의 兩面으로 分類하여 觀察하는 것이 원칙적으로 하고 있다. 그 陰陽을 事物에 對해서 그 例를 列擧하면 다음과 같다.

陽=天、日、晝、剛、男、夫、生、養、富、正、昇、貴、開、動、眞、君、大、進

陰=地、月、夜、柔、女、婦、死、惡、貧、邪、降、賤、閉、靜、虛、臣、小、退

이와같이 모ㅡ든 事物에 關하여 陰陽을 分類하고 陰陽을 살피는 것이다. 이 陰陽을 易의 卦에 對照하여 事物을 判斷하고 거기에서 吉凶의 判斷을 求한다. 易의 根本을 이루는 八卦라 함은 宇宙一切의 萬象八原子를 八卦의 原理에 要約하여 乾坤震巽坎離艮兌의 卦로 化케하여 解明코저 한다 天澤火雪風水山地를 意를 해석 換言한 것이 八卦로 그 八卦가 되는 것이다.

그런 故로 易을 생각하는 사람은 그 八卦의 意義와 八卦의 解釋等에 通하고 있지 않으면 易을 모른다. 八卦를 모르고는 易은 모른다. 八卦를 三本의 陰陽線으로 數學을 알려는 것과 같은 것으로

表示하면, 一은 陽이요, 二는 陰으로 한다. 이 陰陽의 組立에 依하여 八卦가 成立된다. 卜書秘典과 靈通神書를 참고 하라.

三＝乾은 天이다. 一家로 말하면 父가 되고 一國은 君이 되며 天의 所屬造化의 根本을 나타내고 있다. 三奇가 純陽一로 되고 一과같이 떨어져 있지 않은 것으로 缺한데가 없는 象을 가질 唯一한 陽이며 健全한 德을 나타내고 있다.

이 乾의 卦를 事物에 該當시키면 그 事物에 따라 다음과 같이 飜案, 解釋할 수 있는 것이 法則이다.

天＝太陽, 天子, 君父, 大人, 聖人, 君子, 大帥, 正明, 首領, 和, 誠剛, 西北, 秋, 肺臟, 天命, 四九의 戌, 成亥, 大度, 大器, 老成, 高貴, 嚴肅, 眞實, 滿足, 上達, 卓見, 自然, 至德 또 이것이 初爻가 되면(初爻, 二爻, 三爻라고 다음에 記述함).

不拔膽貴確固로 飜案하여 생각하여도 좋다.

二爻때는 優勝博學, 保合, 純粹, 寬仁誠實等으로 飜案하여도 좋고 三爻때는 君子驕奢, 工夫, 上克이라 생각하여 事物判斷 하면 잘 들어 맞는다.

三＝兌는 澤이라는 말. 澤은 물이 모이고 받는 곳을 말하는 것으로 海바다란 말이다. 一陰이 二陽위에 있어 本來陰은 柔고 陽은 剛이므로 陽剛위에 陰柔가 실려 있으니 사람에 比較하면 小女, 妾婦, 接待婦, 等이다.

兌＝兌는 澤이라는 말. 澤은 물이 모이고 받는 곳을 말하는 것으로 海바다란 말이다. 一陰이 二陽위에 있어 本來陰은 柔고 陽은 剛이므로 陽剛위에 陰柔가 실려 있으니 사람에 比較하면 形局이다. 사람에 比較하면 少女가 寵愛받으면서 좋아하고 있는 象이다.

兌字는 사람이 좋아할 때는, 입가에 法令이 나타나는 法, 그 形局을 나타내고 있는 것이 이 字다.

이 兌의 卦를 事物에 맞추어 보면 다음과 같이 解釋되고 또한 생각하라.

澤은 喜悅됨보인다. 和順損傷少女 입(口)혀, 四九의 數, 西方, 酉, 奸臟, 秋, 白色, 辛味,

初爻에는

謀事 수수께끼 調整商量이라 생각하라.

二爻때는

贊嘆愛敬歡待, 즐거움, 妙講習 忠告監誓談明, 方便圓滑辯明, 例言, 格言, 穩當 多言, 愉快, 說諛, 좋아하는 것, 강대, 愛嬌怜悧, 귀여움, 즐거움, 得意等으로 생각하고 解釋해도 좋고 하며 전방지다. 使嗾, 欺瞞喝采, 비는것, 賄賂利己流言決定遁辭言恥辱, 웃음, 口舌, 放言, 威令行 所聞, 觀察등으로 解釋하라.

三爻는

磁石, 誘惑, 呼吸, 口實, 喜悅, 陳述, 發言, 論議, 不信傷害小人, 冷笑, 告發, 싸움, 萬敗,

三離 = 離란 火란 뜻. 離는 附着의 뜻을 가지고 있어 물건에 붙어 發하는 것은 불이다. 불은 物을 乾燥시키고 事物을 밝게 한다. 一陰이 二陽의 사이에 있으니 陰은, 힘이 弱하고, 上下에

附着하는 象, 이것을 사람으로 보면 앞에서 말한 것과 같이 知識이 있는 象이다. 또 女性에 該當시키면 中年의 女性이며 아름다운 女性이다. 이 離卦를 事物에 比較解釋하면 다음과 같이 된다.

滿腹, 文明, 日(해), 附着, 二七의 數, 中年의 女子, 낮, 눈, 心臟, 南方, 여름, 赤色, 銳利, 쓴맛, 等으로 觀察해도 좋고, 初爻에는, 融通性 없는 性品, 或은 交錯된 狀態라 解釋하라, 二爻때는 怜悧함이 나타난다. 發明文, 優美, 照明, 捕促, 資材, 賢明, 善, 學士, 富貴, 얽히기, 賞빛, 美麗, 밝음, 條理, 自得, 洞察, 聽明, 機智, 達觀, 着眼, 눈치빠름, 臨機應變, 鑑定, 豫期, 乾燥, 附合, 形容, 檢査, 받아 드릴 곳 없는 것, 等으로 解釋, 三爻때는 災害傍觀, 煽動, 發表, 焦燥, 眺望, 怒氣, 沸騰, 離間, 慢心, 疾視, 꼬나 본다, 煩腦, 視, 지래짐작, 等으로 解釋하라.

三震 震은 雷다. 雷聲은 動을 일으키는 것으로 萬物은 雷의 生氣에 依하여 鼓動, 發育한다. 卦로서는 一陽이 二陰밑에 있고 陽은 剛하고 위로 뻗쳐 올라가는 性質을 가지고 있으며 陰은 柔로 과용히 밑으로 내려가는 性質을 가지고 있는 一陽, 二陰에 눌려 있는 것이다. 그러므로 이것을 사람에 比하면 어른이 아이들 밑에 있든지 智者가 愚者의 밑에 있어 憤慨하여 進出할려는 것이 이 卦의 性質이다. 또 一家에 比하면 長男이라 할 수 있고 心氣調達勇士의 相이다. 이 震卦를 事物에 比해 解釋코저 할때는 다음과 같이 論하겠다.

靑色, 雷, 春, 動, 東方, 일한다, (足)勤勉, 長男憤激, 賢人, 機會, 反省決斷, 動亥시킨다. 震氣肝臟, 立志, 三人의 數와 같다. 또는 活潑, 壯士, 勢力, 權威, 勇猛, 道路, 活力, 精力, 地

震、 소리냄、 눈치 있음、 이라고 解釋하라. 初爻가 된다면 判決나무、 進捗、 氣慨大作 昇進일(事) 攻擊、 討俄의 뜻、 率先 성(怒) 發起、 努力、 나아간다(進壓迫、 侵略、 運否天賦 等으로 解釋하고 二爻의 境遇는 蹂躪、 雷同、 名聲、 影響威脅、 떠든다(騷)라고 解釋할 것이며、 三爻의 境遇는 傍若無人、 威脅(以下 二爻와 같음)라고 解釋하는 것이 法則이다

☴ 巽 巽이라 함은 바람(風)이란 뜻이다. 卦로서는 一陰이 一陽 밑에 있어 剛陽에 잘 따르고 萬物을 鼓舞擴散시켜 生育케 함에 그 性質이다. 바람은 事物에 잘 따르고 柔陰은 壓迫되어 있다. 이것을 사람에 比喩하면 氣慨가 弱하고 恭服함으로써 다른 사람 마음에 들도록 하기만을 생각하는 象으로 一家에 比喩하면 長女의 位置에 놓인 女性과 같다고 하겠다. 이 卦는 다음과 같이 解釋한다.

長女、 사타구니、 三八의 數이며 바람 및 進退、 不敏、 白色、 멋없다、 春夏의 사이、 東南方、 工人、 反目、 會合、 生鮮、 年金、 빠르다、 高、 臭、 戀、 疑、 依賴、 無常、 風俗、 妾、 敎示、 委託、 廣告按摩、 通한다、 隨從、 半開、 酸味、 라 칭한다. 初爻의 境愚는 손톱、 反問、 馴合、 風靡、 工夫、 經濟、 風致、 形便、 布告、 단골、 容恕、 周施、 權威、 推考、 비방、 接待、 融通 風流、 修行이라고 해석함이 좋고 第三爻의 境遇는 輕薄、 彷徨、 漠然、 輕擧、 妄動이라고 해석함이 좋을 것이다.

☵坎=坎이란 물을 뜻한다。물은 萬物을 潤澤하게 하고 生物을 育成하는데 힘이 있는 것이다。坎이란 흙(土)이 缺했다고 하여 坎이 될 듯이 흙을 沸浸入하여 낮은 곳으로 흘러감이 물이다。이것을 사람에 놓으면 하면 一陽이 二陰에게 陽氣를 發揮치 못하고 있음으로 國難의 象이라 한다。卦에 依困難에 빠져 苦憫이 깊다는 狀態다。또 罪囚나 유령의 地境에 갇혀 있는 사람을 생각할 象이다。龍이 못에서 나오지 못하는 象이기도 하다。

이 坎卦를 事物에 比喻해석코저 하면 다음과 같이 해석하라。

物(水)寒、숨다(隱)、피(血)、구멍(穴)、달(月)、귀(耳)、여우、北方、妨害、겨울(名)、一六의 數、黑色、子、腎臟、不景氣、不明、通、窮迫、盲人險、거스름이라 해석해도 좋고、初爻의 境遇는 惰者、念慮機密、苦生、不快、싫음(厭)、怨恨、貧窮、暗愚、心障、寂寥하다 라고 해석해도 좋고 二爻에는 懺悔、思慮、淫奔、酒食、忍耐、法律、憤慨、容恕、支障、惡、情、야원다、大川 건너다(渡敎習이라고 해도 좋으며 三爻의 境遇 痛禍、기가찬다、病、罪、害、無情、破廉恥、煩憫、滅亡、詐欺、流離、危急窮策、薄命、刑、苦 賴漢、嫉妬、婆雄、倒産、橫領이라고 해석하여 判斷함을 法則으로 한다。

☶艮=艮이라 하면 山을 말한다。가많이 微動치 않는 것이 山의 性質이다。卦로서는 一陽、二陰의 위에 있어 올라 가려는 陽이 위에서 버티고 있고 내려갈려는 陰이 두개 反對로 밑에 있으니、다시 依하여 突出하고 地上에 솟아 停止하고 微動도 않는다。

더 나가지 않고 停止해 있다는 象이다. 이것을 사람에 比喩컨대 自己의 見識을 굳게 지키고 一步의 讓步나 흐트러짐이 없음을 나타내는 象으로 이것을 職業으로 말하면 僧侶와 같은 것이다. 때로는 暗夜를 듣고, 아침 해살의 强烈한 빛을 받으려는 격렬한 象도 있다.

이 艮을 사물에 比喩해서 判斷코저 할 時는 다음과 같이 해석하라.

山, 石, 停止, 嚴肅, 少年, 少女, 개(犬) 손(手) 門閥, 東北方, 계으름쟁이, 겨울(冬)과, 봄(春)의 사이, 五十의 數, 黃色, 脾臟, 胃 甘味 等으로 해석함이 좋고 初爻의 遇境는 貯蓄, 從者 陳, 腐, 責任閑, 隔意, 偏出, 停止 等으로 해석하라. 二爻는 素朴, 無事, 小心, 約束, 保守, 維持, 停止 等으로 해석할 것이며, 三爻에는 高尙頑固, 私意, 등(背), 집(家), 拙用, 防禦取扱, 事情에 不通, 貯蓄, 謝絕, 嚴格, 機關, 一言下拒絕, 抵觸, 孤立, 障害, 權恨, 根性, 停止, 當함 等等으로 해석하여 判斷하라.

三 坤 坤이라 함은 地를 말함이다. 地는 萬物을 生育成長시키는 性質을 가지고 있다. 卦로서는 모두 純陰으로 되어 있어 받아드릴 것이 없다는 象으로 받아 드릴것이 없다는 것은 順의 性質이다. 이것을 사람에 比喩하면 老婆다. 一家에 比喩하면 어머니(母)다. 이 卦를 事物에 견주면 다음과 같이 해석으로 한다.

地法, 地球, 胃腑, 다다른다(至), 西南, 生, 배(腹) 厚함, 小人, 엾는다, 凡庸, 量이 넓다, 어머니, 妻, 臣, 普通, 民衆, 柔軟, 利己, 主義, 가방, 未, 申, 領收, 五十數, 暗雲, 여름과 가을

사이, 貯蓄, 平凡, 貧困, 平均, 아낀다, 便紙, 黃色, 服從, 共同, 省略, 能, 量, 勞動, 國亂厚顏, 下役, 朋黨, 車배(船)等 타는 것 等으로 해석하고 初爻에는 不善, 卑賤, 奴僕, 이라고 解釋하고 二爻에는 慈愛, 方正, 않는다(抱), 撫恤 等으로 해석해야 하고 三爻에는 不成, 疑問 等으로 해석하여 判斷하라.

 以上으로 八卦의 根本意義와 그 成立 및 八卦個個의 뜻은 諒解되었을 것이다. 이 八卦를 이해하고 筮竹을 준비하여 괘상을 잡어서 占術을 연구하면 매우 도움이 될 것이다. 특히 주역, 육효를 할려면 지금까지의 뜻을 이해하지 못하면 진실한 뜻을 해설 못할 것이다. 吉凶의 判斷을 하는 것은 영통신서나 복서 비전에서 말할 수 있으나 더 깊은 연구를 하기 위해서 설명을 여기에 기술한 것이다.

第六編 相學秘法

第一章 발행에 목적 및 얼굴비법

이제부터 관상학의 해설을 시작하겠읍니다만 첫째로 말씀드려야할 것이 있다.

관상학은 수상학 〈手相學〉에 비교하여 어떤 뜻에서는 쉽고 또한 어떤 뜻에서는 반대로 어려운 점(占)이라고 할 수 있다.

쉽다고 하는 뜻은 쉽사리 알 수 있을 것으로 믿읍니다。사람은 누구나 경험적으로 어느 정도 관상의 지식을 직접 익히고 있기 때문입니다。예를 들어 말하자면 〈저사람은 인상〈관상〉이 좋치않으니〉라고 하는 말은 보통 사람들의 대화속에 적지 않게 쓰이고 표현되는 것입니다。

반대로 어렵다고 하는 뜻은 위와같은 감각적〈感覺的〉인 개념을 똑바른 형태로 표현하고 체계적〈體系的〉인 지식으로서 몸에 간직하는 것이라고 할 수 있읍니다。

수상〈手相〉의 선〈線〉은 손바닥을 드려다 보는 동안에 변화하는 것같은 것은 절대로 없지만 사람의 얼굴 표정은 쉴새없이 변화합니다. 여성의 경우에는 화장으로 다소나마 속임수를 쓸 수도 있고 요즈음에는 정형외과(整形外科)의 기술도 발달하였으니가 〈만들어진 얼굴〉을 갖고 있는 사람도 적지 않읍니다.

관상학의 본질은 그와같은 화장이나 표정의 변화같은 것으로는 변화되지 않는 것 다시말하면 사람의 본질(本質)을 얼굴에서 보고 취하자는 것으로서 소위 정적(靜的)인 점(占)입니다만 역시 어느 정도까지는 동적(動的)인 것도 가미(加味)하지 않으면 아니됩니다. 그러나 그것이 관상학의 영역을 초월하는 일이 적지 않읍니다.

다음에 관상학방면에는 전문적인 술어가 많고 책을 읽고도 이해하기 어렵다라는 사람이 많읍니다.

확실히 동양관상학에서는 얼굴을 수백개의 부분으로 나누기로 되어 있읍니다. 사람의 얼굴을 크게 그린 그림속에 어려운 한자로 적혀있는 간판같은 것을 큰 길가의 점치는 집앞에 놓여 있는 것을 외국에 간 사람이라면 본 사람도 적지 않을 것입니다만 그 어려운 한자가 부분 명칭이므로 눈섭하나를 예를 들어도 눈섭 처음부터 눈섭끝까지 여러개의 부분으로 나누어져 있는 것입니다. 입문서(入門書)의 성격을 갖고 있는 이 책으로서는 그와같은 부분을 하나 하나 들어서 자세히 논할 수 없을 뿐만 아니라, 그럴 필요도 없읍니다. 거기까지 파고 들지 않아도 관상학은 어느 정도까지 해설할 수 있고 또한 전문가가 되려고 하지 않는 사람에는 그만하면 충분하지 않을가 합

니다. (또한 전문가를 위해서는 앞으로 별도로 상학에 대한 책을 저서하겠읍니다)

예를 들어보면 사람의 얼굴이 한반도(韓半島)같다고 가정합시다. 그리고 지명이 아무것도 적혀 있지 않은 백지의 지도(地圖)를 보게 되였다고 합시다. 한국 사람이면 누구나 서울이나 대구나 부산같은 대도시의 위치를 지적할 수 있읍니다. 경상북도나 충청남도 같은 도명이나 위치도 틀림 없이 지적할 수 있읍니다. 그러나 ○○온천이나 사찰같은 것은 잘 알려져 있는 명소나 그 부근에 살고 있는 사람 이외에는 지적할 수 없다는 것은 무리가 아닐 것입니다.

이 ○○온천 또는 △산 또는 ○○협곡이라든가 라는 적은 지명이 관상학의 부분에 해당된다고 생각하시면 필자가 말하려고 하는 것을 이해될 것으로 믿어집니다.

가령 외국사람이 극히 짧은 기간내에 한반도 지리개략(地理槪略)을 **알려고** 하는 공부를 하지 않으면 아니될 경우 이와같은 세밀한 지명의 하나 하나를 외울 여유가 없을 것입니다. 그때에도 도명이나 중요도시의 이름쯤은 기억하지 않으면 아니될 것입니다. **한라산(漢拏山)** 한강(漢江) 제물포(濟物浦)같은 이름을 모르고는 곤난할 것이며 서울이나 경주같은 데 대하여서는 더욱 표현 연구가 필요하여지는 것입니다. 필자가 이 책에서 해설하려고 하는 관상학은 위와같은 외국사람 이 극히 짧은 기간에 알기쉽게 한반도의 지리를 설명하는 것과 같은 것입니다.

이와같은 것을 생각하면서 이제부터 입문안내를 시작하겠읍니다.

위에서 기술(記述)한 것과 같은 뜻에서 눈이나 입은 예를들면 서울이나 경주라고 볼 수 있는데

그 각론(各論)에 들어가기 전에 몇개부 총론(總論)적인 문제를 실례로 들겠읍니다.

사람의 얼굴이라는 것은 잘 변화합니다. 시시각각(時時刻刻) 얼굴에 나타나는 내심의 감정의 표출(表出)은 소위 표정(表情)인데 비교적 장기적인 표정을 생각하면 여기에 관상학의 기본적인 큰 문제도 존재 합니다.

수상편에서도 설명하겠읍니다만 사람의 얼굴을 보는 방법에 따라서는 웃는 얼굴과 우는 얼굴의 두가지로 나누어 볼 수도 있읍니다.

이것은 개운(開運)의 길에도 직결되는것이므로 최초로 강조하여 둘 필요가 있읍니다.

옛날부터 구전(口傳)되어 내려오는 말인데 이것은 관상학 상불멸의 진리라고 할 수 있는 귀중한 교훈을 내포하고 있읍니다.

웃음있는 집에 복(福)이 온다〈笑門滿福來〉

웃는 얼굴이라든가 우는 얼굴이라고 하여도 그것은〈보통 상태로서 영속적으로〉라고 하는 것이 전제가 되는 것입니다.

예를들면 몸의 어데인가 아플때는 누구든가 자연적으로 우는 얼굴이 됩니다. 부모 형제가 사망하였을 때는 더욱 그러합니다. 또한 재미있는 희극영화를 볼때든가 경마에서 1등상을 탔을 때 등은 서로 기쁘기 짝이없을 것입니다. 이와같은〈일시적인〉우는 얼굴과 웃는 얼굴

은 이때에는 문제가 되지 않읍니다.

영속적 장기적인 웃는 얼굴과 우는 얼굴은 감각적으로 알 수 있을 것입니다. 만사람은 우는 얼굴 상태로서는 행복은 찾을 도리가 없읍니다.

불행하기 때문에 자연적으로 우는 얼굴이 되는가 우는 얼굴이기 때문에 불행하여지는가 이것은 꼭 닭과 계란이 어느쪽이 먼저인가 하는 순환논법(循環論法) 같지만 악순환(惡循環)인 것은 틀림 없읍니다마는 어데서 이 악순환이 없어지고 끝나는가 하는 것을 아는 것처럼 기쁜 일도 없을 것입니다.

여기에는 매일 거울을 보고 10분쯤 웃어보는 연습을 하는 것도 좋을 것입니다.

웃는 연습이라고 하여도 한해동안 아침부터 밤까지 입을 크게 벌리고 웃음을 계속하라는 것은 아닙니다. 작업에 열중하였을 때에는 누구나 이마살을 찌프리며 고민할때도 있읍니다. 슬플때에 눈물이 나오는 것도 당연합니다. 그러나 마음의 평정(平靜)한 상태에서는 사람은 항상 조용하고 부드러운 미소를 짓고 있는 것과 같은 표정을 갖는 것이 이상적입니다.

백화점의 여점원의 훈련은 우선이와 같은 표정을 짓는것으로부터 시작된다고 합니다. 또한 어면 베테란의 영화감독이 말하기를 웃는 얼굴의 아름답지 못한 배우는 남녀할것 없이 큰성공을 할 수 없다고 합니다.

또한 나이에 따라 관상이 변화되는 것도 당연한 현상입니다. 예를들면 청년시절 천하의 취남

〈天下의 醜男〉이라고 하던 사람도 그후 一〇년 二〇년간 무엇인가 하나의 길에 열중되어 노력하고 있는 동안에 자연적으로 관상도 변하여 집니다.

풍채도 구비되어 으젓하여지고 잘 알아 볼 수 없을만큼 단정한 얼굴이 되는 것도 그다지 진기 (珍奇)한 것도 아니됩니다.

사람의 얼굴이 좋고 나쁘고는 二〇대까지는 부모의 책임입니다만 三〇이후는 자신의 책임이라고 말하게 되는 것도 이와같은 뜻에서 참으로 그렇다고 자부하는 진리라고 할 수 있을 것입니다.

그러므로 최근에는 정형외과적으로 얼굴의 각부분을 변경시키는 것도 진기한 것이 없게 되었읍니다. 도리혀 미용정형(美容整形)과 같은 전문분야까지 생길정도이며 여우(女優)들 가운데에는 〈만들어진 얼굴〉을 갖고 있는 사람도 적지않다고 합니다.

이 종류의 수술로서 예를들면 눈쌍깝풀 만들기 코를 높히는 것 등이 과연 좋은 일인가 그릇된 일인가 하는 것은 필자도 간단히 말하기 어렵습니다.

그러나 관상학적으로 수술하여 곧 결과가 나타난다고 말할 수는 없읍니다만 점차로 〈다음의— 後天—얼굴〉의 성격이 나타나게 되는 것은 당연한 것입니다. 선천적으로 그와같은 상(相)을 갖고 있는 사람들은 따라갈 수 없어도 후천적으로 어느 정도 성격이 가까와져 온다고 할 수 있을 것입니다.

간단한 상처(傷處) 관상학적으로 좋지않다고 하는 흑점(黑點) 그와 같은 것을 제거하는 정형

수술이라면 적극적으로 권고할만 합니다. 이와 같은 것을 생각하여 정형수술하는 것은 젊은 여성들에게 많겠읍니다만 이것도 될 수 있는대로 젊었을 때 빨리하는 것이 좋겠읍니다. 운명학적(運命學的)으로 말씀드리면 이것은 큰 난(難)을 적은 난으로 끝내는 하나의 방편 입니다. 효과가 눈에 보이게 나타날 때까지는 우선 三년쯤 걸릴 것임으로 될 수 있는 대로 빨리하는 것이 좋은 것이라고 할 수 있읍니다.

자세한 것은 각론에서 언급하기로 하고 여기에서는 치아(齒牙)문제만을 거론하여 성공할 수 극단적으로 말씀드리면 인기직업(人氣職業)에서는 이빨이 좋치않은 사람은 절대로 성공할 수 없다고 할 정도입니다.

지금으로부터 20년쯤 전에 나의 친구 두 사람이 함께 치조농누(齒槽膿漏)에 걸려서 앞이(齒) 몇 대가 병들어 버렸읍니다. 필자는 운명학의 견지에서 곧 치료를 권고했읍니다. 한사람은 곧 치료에 응했읍니다만 한사람은 관상학적은 것은 미신이라고 하면서 무시해 버리고 말았읍니다. 그러므로 마지막으로 필자는 이런 것을 충고하였읍니다.

점(占)을 떠나서 이가 아프면 위장에 필요이상의 부담을 준다는 것은 의학적으로 상식이라고 할 수 있는 것이 아니겠읍니까? **목소리가 굵어도 나이 많은 어른 같은 기분이 드는 것입니다**。그런데 그 친구는 이가 아플정도로는 아무것도 아니다 라고 생각하면서도 마음 속으로는 많이 걱정하고 있는 것이 아니겠읍니까? 쉴새없이 입에 손을 대든가 얼굴이 찌프러지고 기분이 나빠지는 것도 그 관계일 것입니다. 어떤 사람들은 그것을 좋은 징조가 아니라든가 운수같은 것으로 생각하고 있을 지도 모르지만 하여튼 기분조치 않은 일이라고 생각하고 있읍니다〉

그러치만 그는 돈이 든다든가 틈이 없다고 하면서 치과의사에게는 가지 않았읍니다. 그 이상 더 할 수 없어서 필자도 그대로 버려 두었읍니다만 그 후 10년도 지나지 않아서 이 두사람은 많은 차가 생겨서 한사람은 큰 성공을 하고 한사람은 그러치 못하였읍니다.

이런것들은 자기 스스로가 개운(開運)의 좋은 기회를 놓쳐버리게 하는 바보스러운 짓이라고 할 수 있을 것입니다.

사람의 얼굴은 여러가지 분류법(分類法)이 있읍니다만 첫째로 기본적인 세가지 모양을 예를들어 보겠읍니다.

근육이 없는 모양 늑골(筋骨)모양 살진 모양의 세가지로서 이것은 자세하게 설명할 필요도 없을 것입니다.

살 없는 모양의 얼굴은 길고 또 장타원형의 얼굴은 턱이 뽀죽한 역삼각형의 얼굴과는 달리 분류됩니다.

이 살이없는 모양의 얼굴인 사람은 두뇌(頭腦)나 감각(感覺)에도 비상하고 예민한 점이 있읍니다.

다만 그 예민성은 역삼각형의 얼굴에 가장 잘 나타나 있읍니다. 학자(學者)들에게서 많이 볼 수 있는 상(相)으로서 볼에 거의 살이없는 면도날(面刀)을 생각케하는 관상입니다. 그 예민한 것이

학문의 연구나 진리의 탐구 등 좋은 방면으로 지향될 때는 보통 사람들보다 곱절의 성적을 올릴 수 있읍니다만 만약 방향을 잘못 택하면 간사한 지식 교활한 지식 등을 갖게 된다고도 하지 않을 수 없읍니다.

여자도 이와같은 상을 지니고 있는 사람은 때때로 게으름이 있고 질투가 심한 반면에 애정은 별로 없는 것으로 알려지고 있읍니다. 또한 반면에 일단 사람을 믿으면 맹목적으로 되어지는 편이라고도 하지 않을 수 없읍니다. 남녀를 통하여 이런 관상은 의외로 단순한 외길로 가는데가 있다고 하는 것도 통계적으로 맞는 것이라고 할 수 있읍니다.

장타원형의 얼굴은 소위 참외(瓜實)얼굴로서 일반적인 인물화 같은데서 잘 볼 수 있는 순한국적인 얼굴입니다. 남자의 경우는 어느 정도 투지가 없는 편도 아니지만 대체로 머리가 좋고 감각이 예민하고 예술이나 학문의 방면에서는 많은 재능을 발휘할 수 있읍니다.

여자의 경우는 감각 감성(感性)도 뛰여나고 재능도 있고 인정도 많은 하나의 이성적인 관상이라고 할 수 있읍니다.

다만 남녀 모두가 건강과 체력은 좋지않으며 연애 관계에 있어서 실패하기 쉬운 경향성도 없지 않읍니다.

늑골질(肋骨質)의 얼굴은 남자들에게 많으며 여자들에게서는 찾아볼 수 없읍니다.

이것에도 긴 얼굴과 짧은 얼굴이 있읍니다만 짧은 얼굴일 수록 투지가 강하고 남성적인 기백과

기력이 풍부하다고 할 수 있읍니다. 신경은 비교적 둔한데가 있읍니다. 그리고 세밀한 생각을 하는 것 등은 결핍되는데가 없읍니다만 어떠한 곤경도 쉽게 찾아 볼 수가 있고 체력의 손실같은 것은 전연 생각하지 않는 편입니다. 스포츠 맨들에게서는 쉽게 찾아 볼 수 있는 관상입니다만 때때로 는 그 투지가 **파괴적인** 방면으로 나타난다고도 할 수 없읍니다. 애정면에서 비교적으로 단순하고 좋다 싫으면 싫다고 확실히 말하는 편입니다.

여자의 경우는 그 관상이 지나치게 격돌해서 여자다운 상냥스러운 것과는 인연이 없다고 할 수 있을 것입니다.

비만형(肥滿型)의 얼굴은 소위 둥근얼굴을 말합니다. 일반적으로 온후하고 무사주의(無事主義) 평화주의(平和主義)적인 사람들이 많읍니다.

식욕(食欲)이나 성욕(性欲)은 강(强)하고 명리(名利)의 문제에 있어서는 명예를 저버리고 실(實)을 취하는 쪽일 것입니다.

위의 세가지는 극히 크게 분류한 것으로 성격을 설명하여도 극히 일반적인 것에 지나지 않읍니다. 이 성격은 그야말로 관상의 각 부분의 특징에 따라 천변만태(千變萬態)로 변화되여 가므로 각론(各論)을 잘 읽어 이해할 수 밖에는 도리가 없읍니다.

또한 얼굴의 모양에 대하여 몇가지의 보충 설명을 더하겠읍니다.

옛날부터 남녀의 상성(相性)을 관상학적으로 볼때 〈여우(狐)와 이리(狸)가 이상적으로 조립(組

立〉〉된 것이 될 수 있다고 합니다.

여우라고 하는 것은 여우얼굴 앞의 분류에서 여원 모양의 얼굴이 될 것입니다. 이리라고 하는 것은 이리얼굴 비만형의 얼굴이 될 것입니다 다만 결혼이라는 것을 전제로 생각하였을 때에는 이것의 적중율(的中率)은 매우 높은 것입니다.

사람이라는 것은 어찌할 도리 없이〈같은 기(氣)가 서로 구(求)한다〉라는 것이 있음으로 친구로서도 어쩔 도리없이 같은 모양의 얼굴의 상대를 구하기 쉬운 것이며 연애의 경우에 있어서도 그와같은 것을 말할 수 있읍니다 다만 그러나 수 10년동안 고락(苦樂)을 같이 하게 되면 역시 장단(長短)을 서로가 보충하는 것이 사실이라는 것을 알게 될 것입니다.

같은 모양의 남녀끼리는 좋을 때는 즐거움(樂)도 곱절로 되는대신 나쁠 때에는 피로움(苦)도 곱절로 된다고 할 수 있읍니다. 그러나 틀리는 남녀끼리로서는 한쪽이 기분이좋아 지나칠때에는 다른 한쪽이 말리고 한쪽이 **실패하고** 실망하고 있을 때에는 다른 한쪽이 격려(激勵)하여줄 수 있는 것이 되니까 인생의 파란도 그많큼 겪게되고 오랜동안의 인생 경쟁에 있어서 승산(勝算)이 높아진다고 할 수 있을 것입니다.

인류학(人類學)의 권위(權威)라고 할 수 있는 일본국(日本國)의 쯔바기 야스하루(椿宏治)박사의 일본인의 얼굴(日本人の顔)이란 책은 표제와 같이 일본사람들의 얼굴을 과학적으로 연구하여 알기 쉽게 설명한 책인데 그 책에 따르면 명치초(明治初) 일본 동경대학의 의학부(醫學部)에 초빙된 명의(名醫) 독일사람인 베루쯔박사는 일본사람들의 얼굴은 죠수모양(長州型)과 사쯔마 모양(薩摩型)의 두가지로 나누고 전자를 귀족적(貴族的) 지배계급적(支配階級的) 후자의 서민적(庶民的) 평민적(平民的)인 얼굴이라고 단정하였답니다. 죠수모양은 얼굴이 길고 상품(上品)의 오이모양(瓜實型) 사쯔마의 모양은 둥근 얼굴로 값싼 얼굴이라고 말하고 있읍니다.

필자는 인류학의 전문가는 아니므로 권위있는 것은 말할 수 없읍니다만 일본민족(日本民族)이라는 인종(人種)은 북방대륙계(北方大陸系)의 인종과 남방계(南方系)의 인종과의 혼혈(混血)의 결과 오늘과 같은 상태를 낳게 하였다는 것이 상식입니다. 명치 초에는 그러한 일본사람들의 피가 비교적 순수한 형태로 계승되여 온 것이 아닐까 생각하여 집니다.

그러한 뜻에서 베루쯔박사의 분류는 죠슈 모양은 북방계 사쯔마 모양은 남방계의 선로들의 영향을 강하게 나타내고 있었다고 볼 수 있을 것입니다. 그러나 그후 百년후 오늘에는 그러한 지역적(地域的)인 얼굴의 차는 옛날보다 많이 적어졌다고 보아도 틀림없을 것입니다.

동양관상학(東洋觀相學)에는 팔상(八相)이라고 하는 분류법이 존재하고 있읍니다. 어떤것인가 라고 한다면 감각적인 분류로서 자세히 설명하면 도리혀 어렵게 되는 점도 있읍니다만 일단 간단하게 해설하여 드리겠읍니다.

(1) 귀상(貴相)은 어떻한 것인가

인격고결 정신면에서는 어디엔가 참으로 훌륭한 점을 갖고 있는 사람들에게서 잘 볼 수 있는 相입니다.

(2) 福相이란 또는 富相

한눈으로 보아도 물질운 物質運에 가득 차 있는 것같은 얼굴입니다. 예를들면 칠복신(七福神)의 혜비수(惠比壽) 검고 틱틱한 얼굴은 물론 섬세한 점에서 틀리는 점이 있읍니다만 양쪽 모두가 이 관상을 이상화한 것이라고 할 수 있을 것입니다.

(3) 威相은 어떻한 것인가

간단하게 말하면 강한것 같은 얼굴입니다. 현재의 푸로의 스포츠선수에게서 많이 볼 수 있는 얼굴입니다. 그리고 옛날의 군인들의 대부분이 그 얼굴입니다.

그와 같은 관상은 가령 무인적인 위상이라고 하면 문인적(文人的)인 위상이라는 것도 있읍니다 현실에 있어서 정치가 공무원으로서 상당한 지위에 올라있는 사람들 또는 회사의 사장같은 데서 흔히 볼 수 있는 관상입니다.

(4) 수상(壽相)……(長命의 관상)

칠복신(七福神)으로 말하자면 수노인(壽老人)의 얼굴이 이 관상을 이상화할 것입니다.

이 四가지는 8관상중의 좋은 관상으로 보는 것이며 인간(人間)으로서 몇 가지를 합쳐서 갖고 있는 예가 적지 않읍니다. 다음에는 좋치 않은 4가지를 다음으로 설명하겠읍니다.

(5) 악상(惡相)

상대방의 얼굴을 바라보고 있는 동안에 **무서워** 진다든가 한기(寒氣)가 들때에는 이것은 그 악상을 지니고 있는 사람 때문이라고 하여도 틀림이 없을 것입니다.

(6) 빈상(貧相)‥‥‥천상(賤相)

한 눈으로 척보아도 『돈』과는 인연이 먼 것같은 관상입니다. 물론 정신적인 면에서는 우수(優秀)한 것이 있다 라는 것도 생각되게 하는 때가 있을 것입니다. 이 경우에는 부귀(富貴)도 영속(永續)하지 못하는 것을 나타내고 있다고 생각하는 것이 올바른 방법이라고 할 수 있을 천상은 이상에서 함께 취급되고 있읍니다만 부자에게서도 지니고 있는 때가 있읍니다. 이 경우 리혀 정신면의 빈곡(貧困)을 나타내는 관상이라고 생각하는 것이 올바른 방법이라고 할 수 있을 것입니다.

(7) 고상(孤相)

고독(孤獨)의 관상으로 볼 수록 쓸쓸한 감이 듭니다. 서로 말을 하고있는 때도 꼭 혼(魂)이 빠진 사람을 만난 것같은 쓸쓸한 감상(感想)을 받을지도 모르겠읍니다. 종교가(宗敎家)들에게서 자주 볼 수 있는 관상입니다.

(8) 요상(夭相)……(短命의 관상)

볼 수록 신병(身病)을 갖고 있는 사람같으면 원기(元氣)가 없으며 이 모양으로서는 도저히 장수할 수 없는 것같은 얼굴입니다.

第二章 上停 中停 下停이란

앞에서 기술한 부위(部位)만큼 세밀한 **분류법(分類法)**은 아닙니다만 동양인 관상학에서는 사람의 얼굴을 가상(假想)의 횡선(橫線)으로 세로(縱)의 부분으로 나누는 방법이 하나의 기본으로 되여있읍니다.

이것은 사람의 초년운(初年運) 중년운(中年運) 만년운(晩年運)등을 한눈으로 알아차리기 위해서는 가장 유효한 구분법(區分法)이므로 초심자(初心者)에게도 간단히 이해될 수 있으므로 관상학의 기본지식으로서 꼭 기억하여 두지 않으면 아니 되겠읍니다. 눈섭부터 이마는 **초년운이며** 눈섭부터 코끝까지가 중년이며 코끝부터 아래턱까지가 말년이 됩니다. 초년의 위치를 상정(上停)이라 하고 中年의 위치를 중정이라하고 면의 위치를 하정(下停)이라고 한다. 다시 알기 쉽게 말해서 첫째로 양미(兩眉)의 고(孤)의 가장 높은 부분의 횡선(橫線)을 목표하고 이 선 위에서 얼굴의 머리카락이 나기 시작한 곳까지의 부분을 상정이라고 합니다.

다음은 코밑에서 가상의 횡선을 긋고 그 위를 중정 아래를 하정이라고 합니다.

상정은 22~23세까지의 초년운 중정은 45~46세까지의 중년운 하정은 그로부터 죽을때까지의 만년운으로 보는 것이 원칙으로 되어 있읍니다.

이 선을 긋는 법=나이(年)를 나누는 법에 대하여서는 이밖에 여러가지 설(說)이 있읍니다만 인생운명을 감정하는 데 있어서는 유파(流派)에 따라서 비전(秘傳)이라고 하여 자기파의 우수성을 자랑하고 있으나 일반적으로 필자가 위에 소개한 구분법이 널리 인정되고 있는 것입니다.

초년운 중년운 만년운의 소위 3운을 고루 갖고 있는 것은 보통 사람들에게 있어서는 하나의 이상이라고 할 수 있을 것이다. 그와같은 뜻에서 이 상정 중정 하정은 잘 균형(均衡)이 있는 사람으로서는 관상학적으로 일단 합격점(合格點)에 도달하여 있다고 보아도 좋을 것입니다. 이 부분에 대하여 자세한 설명은 다음으로 미루기로 합니다만 예를들면 얼굴이 극히 좁다든가 보통사람들에게서는 별로 찾아보기 어려운 묘(妙)한 주름이 있는 사람은 소년기에서 청년기에 이르기까지 정신적인 애정의 혜택도 **없고 사람들에 잡혀져**상정은 얼굴이라고 단정하여도 좋을 것입니다. 이 부분에 대하여 자세한 설명은 다음으로 미루기로 합니다만 예를들면 얼굴이 극히 좁다든가 보통사람들에게서는 별로 찾아보기 어려운 묘(妙)한 주름이 있는 사람은 소년기에서 청년기에 이르기까지 정신적인 애정의 혜택도 **없고 사람들에 판단(判斷** 하여도 거의 틀림이 없을 것입니다.

또한 여성으로서 상정에 커다란 상처나 흠이 있는 사람은 첫째, **결혼운(結婚運)**은 좋지않읍니다. 이것은 거의 예외(例外)가 될 수 없을 만큼 관상학적 진리입니다만 최근에는 정형외과의 의술이 발달하였기 때문에 적지 않은 도움이 되기 시작하였읍니다. 상정에 흉터가 있는 사람은 될 수 있는대로 빨리 신용할 수 있는 의사에게 상담하는 것을 권고하는 바입니다.

여자배우들의 미용정형은 관상학적으로 반드시 이익된다고는 할 수 없읍니다만 이것은 그와 같은 경우와는 달리 일생을 좌우할 정도로 중대한 문제입니다. 정형을 하여서 코를 높게 한다든가 눈쌍까풀을 만든다든가 하는 것과는 비교가 되는 것이다.

중년은 눈과 코와 귀가 존재하는 부분입니다. 그것은 각론에서 자세하게 해설할 것입니다만 중년에 해당하는 年齡일 때에는 어느 정도의 흉터 혹점 생김에 따라서 고생과 행복이 뒤따를 것이라고 할 수 있을 것이다. 의당히 어디엔가 결함도 있고 또한 그 결함을 보충할 수 있는 유익한 요소도 존재하고 있는 것을 연구하여 알 수 있게 나타내는 것이 관상학이라 하겠다.

그러므로 일반적인 사회생활을 하고 있는 사람은 하나 하나 보고 이해하고 얼굴을 보지 않아도 중년에 관한 사람의 실태를 보고 이해하고 통계로서도 합격 점에 몇 푸로에 도달하여 있는가를 생각할 수 있고 말할 수 있는 것이다.

그러나 형무소(刑務所)나 정신병원(精神病院)같은 곳을 참관(參觀)하여 보면 이부분에서 구출 할 필요 없는 중대한 결함이 있는 사람이 많다. 그 결함이 눈과 코와 귀의 어데인가 나타나 있다는 것은 나중에 자세하게 기술하겠읍니다만 이러한 관상을 갖고 있는 사람으로서는 그와같은 과정(課程)이라 할지라도 어떤 뜻에서는 〈필연(必然)적인 길〉이였는지도 모르겠읍니다. 20세도 않되는 나이에 질병(疾病)이나 사고로 생명을 저버린다든가 자살한사람들의 사진을 보았을 때에도 이중정의 부분에 중대결함을 발견할 때가 많은 것입니다.

하정을 나타내는 만년운은 이 3운가운데 가장 중요한 것이라고 할 수 있읍니다. 사람은 자신이 태어나는 조건을 선택할 수 있는 것도 아닙니다. 가령 초년운이 좋지 못하다고 하는 것은 그것은 자신의 책임이 아니라 단언할 수 있읍니다. 그러나 만년운에 관하여서는 자기자신의 책임은 모두가 자기자신에게 있으므로 어떠한 회피책도 용납될 수 없는 것이다. 초년운에 비교하여 만년운은 지극히 좋지않을 때에는 역시 인생의 패잔자(敗殘者)라고 불려져도 별도리가 없는 것입니다.

입과 턱(顎)의 문제에 있어서는 본편에 자세하게 기술하겠지만 한눈으로 이 부분이 좋고 나쁘고를 분별한다고 하면 그것은 덤으로 생기는 좋다 나쁘다 하는 것입니다. 여기에서의 덤이 별탈이없이 잘지낼 수 있다면 우선, 노후(老後)에는 사고없이 편안히 지낼 것이라고 판단(判斷)하여도 좋을 것입니다.

반대로 이덤이 좋지 않다든가 단적으로 말해서 턱이 없는 것이 보이는 사람은 평생 죽을 때까지 고생이 계속될 것입니다. 젊었을 때의 고생은 『돈주고 산다』는 옛말도 있읍니다만 만년의 고생은 좋지 않는 요소가 많고 유익한 요소가 적다는 것도 당연한 사실일 것이다. 고생없이 여생(餘

生)을 보내기 싶다 하는 것은 역시 사람으로서는 누구나 마음속에 간직하고 있는 가장 큰 소망의 하나일 것입니다.

그러므로 젊었을때 자기의 얼굴의 하정의 부분의 중대한 결함에 관심이 있는 사람은 남보다 곱절의 노력을 하여 운명——어떤 뜻에서는 관상의 개선(改善)에 애써 주시오. 그 노력이 바른 방향으로 지향하고 있으면 3년쯤 지나면 관상에도 점차로 변화가 나타날 것입니다. 40대의 중반기를 지나면 이 개선도 불가능(不可能)에 가까운 것이라고 할 수 있겠읍니다 만 30대 전반(前半)쯤 되었을 때면 성공의 가능성은 큰 것입니다.

또한 사람의 얼굴은 우반분(右半分)과 좌반분(左半分)이 완전히 대상적(對象的)으로 되어 있는 것은 없읍니다.

그러나 이 상위(相違)한 것이 너무 지나쳐서 얼굴이 휘어져 있는 것 같이 보이는 사람은 평생에 상당(相當)이상의 파란이 있을 것으로 보아도 좋은 것이다. 산 너머 또 산이라는 격으로 다른 사람들은 알 수 없는 고통도 계속될 것이지만 다만 그것은 남보다 몇곱절가는 노력으로써 이겨낼 도리 밖에는 없는 것이다. 자포 자기적인 기분에 사로잡히는 것은 이와같은 관상을 갖고 있는 사람들에게는 가장 조심하여야 하는 금물(禁物)일 것이다.

(1) 머리의 모양

최근에는 남자들도 어린애 때부터 머리칼을 길게 기르는 것이 보통이므로 상대방의 머리의 모양을 쉽게 알아내기 어렵다.

그러나 관상학의 연구에 이르게 되면 전연 이 문제에 손을 대지 않고 넘길 수는 없읍니다 연구하는 사람을 위해 비법으로 극히 간단하게 해설하겠읍니다.

첫째 머리의 크고 적고가 문제 입니다. 이것도 의학적으로는 여러가지로 보는 방법이 있겠지만 다만 관상학적으로 어느 정도가 표준(標準)이 되는가 하는 것을 정확하게는 말할 수 없는 것이며 한 눈으로 보아서 머리가 너무 크다고 생각될 정도의 머리와 체구와는 균형이 맞지 않는다고 생각될 정도의 적은 머리 이런 정도의 것을 문제 대상으로하면 되지 않을까 하고 연구하면 쉽게 이해 될 것이다.

머리가 너무 큰 사람은 관상학적으로는 그다지 길상(吉相)이라고는 할 수 없읍니다. 생각하는 것이 비현실(非現實)적인 경향성이 많으며 실천력(實踐力)이 수반하지 못하기 때문에 희망은 별로 없읍니다. 또 무엇인가 목표(目標)나 계획(計劃)을 세우고 노력을 계속하였다고 하더라도 근본적인 문제가 어데인가 결핍되어 있기 때문에 목표의 절반쯤 실천된곳에서 발(足)밑이 흔들려서 무너지고 실패로 끝나는 것이 많습니다.

머리통이 너무 적은 사람은 지나치게 머리가 큰 사람보다 더 좋지 않다고 할 수도 있겠습니다구 태여 백지(白痴)라고는 할 수 없습니다만. 머리의 작용하는 진도(進度)가 어디에서인가 정지되어 그 이상 전연 진도가 없는 편이 많습니다.

예를들면 기억력의 경우에는 20대의 중기(中期)를 정점(頂點)으로 하여 점차로 쇠퇴(衰退)되어 간다고 합니다만 그다지 급격(急激)하게 쇠퇴되는 것은 아니지만 그 대신 추리력(推理力)이라든가 판단력(判斷力)들의 능력이 발달하여져서 기억력을 대신하여 그 역활을 할 수 있는 것입니다.

그러나 머리가 지나치게 적은 사람은 어느 시기에 도달하면 머리의 발달이 전면적으로 정지되고 맙니다. 그러므로 40대의 중반기에 접어들었다고 하여도 머리의 작용 능력은 18세 정도가 아닐까 하고 생각될 때가 없지 않습니다.

다음에는 머리를 보았을 때 뒤쪽에 걸고 움푹이 드러가 있는 사람과 그렇지 않은 사람의 두가지 모양이 있습니다.

이 움푹이 드러가지 않은 사람 사물(事物)에 대한 사고방식이 일관성(一貫性)이 없습니다. 바꿔말하면 자아(自我) 자존심(自尊心) 같은 것이 적다고 할 수 있다. 다른 사람이 말하는 것을 곧 믿기 때문에 항상 흔들리고 중심이 잡히지 않음으로 무엇이든지 자신(自信)을 갖고 행동할 수 없음으로 자연히 비겁자(卑怯者)가 되고 마는 것입니다.

이 움푹이 들어간 사람은 자아도 자존심도 강하게 됩니다. 다만 이것도 지나치면 자신과잉(自信過剰)이라고 할 수 있는 성격이 나타나서 다른 사람의 충고(忠告)를 듣지 않게 되며 생각도 하지 못하는 정도로 도량이 좁아서 실재를 자초(自招)할 수도 있읍니다.

지나친 것은 모자라는 것과 같다고라는 말은 관상학에서 뿐만 아니라 어떠한 경우에도 적합한 명언(名言)입니다 다만 이 머리의 뒤통수가 움푹 들어간 사람에게는 필자의 경험으로 보아서 지나치게 움푹들어간 사람도 또한 격정될 정도로 움푹 들어가지 않은 사람은 1천명에 1사람이나 2사람 정도 밖에 않되므로 보통 사람들은 걱정할 필요가 없을 것입니다.

다음에 머리의 제일 높은 곳을 정(頂)이라고 합니다. 이 부근은 적게 우무러 들어가 있는 것이 보통인데 이 우무러들어간 곳이 지나치게 깊으면 일종(一種)의 고독의 상이 됩니다. 부모형제든가 처자와의 연분이 두텁지 못하고 가급적으로나 물질적으로나 혜택을 받는 점이 적은 편이다.

불교스님층에서 비구(比丘) 스님들은 머리를 삭발(削髪)하고 있으므로 머리의 모양도 보통사람들보다 쉽게 분별하여 알 수 있읍니다만 그 가운데는 역시 이와같은 관상을 갖고 있는 사람들이 상당수가 있읍니다.

스님이니까 고독한 관상이 있는 것일까 반대로 그와 같은 관상이기 때문에 스님이 되였든가─

이것은 한마디로 결정하기는 어렵습니다만 적어도 관상과 적절한 직업이라는 문제에 있어서 하나의 해답을 주고 있는 것이라 할 수 있는 것이다.

(2) 머리카락의 비법

역학적(易學的)으로 생각하여 보면 머리는 정상(頂上)이요. 신(神)과도 통할 수 있는 가장 위에 처해 있는 위치라고 하는 말과도 상통할 수 있는 말이라고 할 수 있겠읍니다. 동양 사람 관상학의 가르침에 따르면 머리카락이 생길 때부터 정상(頂上)은 사람의 신성(神性) 또는 불성(佛性)이 존재하는 정도로서 이것으로부터 아래로는 사람의 됨됨 좋지 않게 말하면 수성(獸性)이 존재하는 장소라고 단정할 수도 있을 것이다.

그러한 뜻에서 옛날의 관상학책에 독두(禿頭)의 남자는 음욕(淫欲)이 세고 배우자가 바뀐다는 것이 적혀 있는 것을 보았읍니다. 물론 이 설(說)은 전면적으로 믿을 수는 없겠지만 특히 필자도 머리카락이 적은 쪽이므로 더욱 믿기 어렵습니다만 다만 이와같은 설이 생기게 된 것은 중국(中國)의 두발신성설(頭髮神性說)에서 기인한 것이란 것을 믿을 수 밖에 없읍니다. 신성(神性)을 나타내는 머리카락이 적어지면 그많큼 수성(獸性)도 증가되어질 것이라고 옛날사람들이 간단하게 단정하게 된 것은 당연한 것인지도 모르겠읍니다.

또한 옛날 관상책에는 곱슬머리칼을 많이 좋지않게 보고 있읍니다. 곱슬머리칼 사람은 남녀 모두가 음욕이 세고 방탕(放蕩)을 좋아하는 간계(奸計)와 사지(邪知)의 성격으로 배우자도 변한다고 하는 것입니다만 이 설에 대하여서도 필자는 거의 믿을수가 없읍니다.

이 곱슬머리 부정설(否定說)에서 우리들이 첫째로 생각나는 것은 2차대전중의 일본국의 파마 금지령(禁止令)입니다. 여하간 전쟁중에는 평화시대의 양식(良識)이라는 것은 통용(通用)되지 못하게 되는 것입니다만 그때 일본에서는 영어(英語)책을 읽는 것은 비국민(非國民)이라 했고 노래의 째즈는 망국조(亡國調) 남자들은 각반(脚絆)을 치지않으면 반전주의자(反戰主義者)라고 하는 폭론(暴論)이 그 사회를 지배하였다는 말을 옛날 선배님에게 들은 적이 있읍니다. 파마 급지령이 국책(國策)같이 된 것은 이상한 것은 없읍니다만 관상학적으로 보면 어느 정도의 근거가 없다고는 할 수 없읍니다.

화제(話題)가 비약(飛躍)하는 것 같읍니다만 미국 특히 남부지방에 있어서 흑인(黑人)에 대해 차별대우가 심하였다는 것은 누구나다 아는 사실일 것입니다. 그러나 현재에는 그렇지도 않읍니다만 필자가 대학교 모교수님에게 들은 이야기중에 1950년경에는 레스토랑, 빠 또는 뻐스등에서 흑백(黑白)의 차별이 미국에서 심한 폭동이 있었다고 합니다.

그때 마침 모교수님이 처음으로 미국에 황색인(黃色人) 黑人등이 많은 지방을 여행한 때가 있었다고 하는데 미국식 분류법(分類法)에 따르면 한국사람은 당당한 백색인종이였다고 합니다.

그 구별법은 지극히 간단 합니다. 곱슬머리 사람들은 얼굴의 색깔이 어떻든간에 흑인종에 속한 다고 되어 있다고 합니다.

전문적인 것은 필자도 잘 모르겠읍니다만 두발(頭髮)은 강력한 유전성(遺傳性)을 갖고 있다고 할 수 있읍니다.

한번 가계(家系)에 흑인의 피가 섞이면 그 자손은 모두가 곱슬머리가 된다고 적어도 1세기(世紀)전의 미국 사람들은 믿고 있었다고 보겠읍니다. 그러므로 이와같은 판정법(判定法)이 생겼을 것입니다. 그러기 때문에 안색(顏色)에 관한 한 보통 백인과 별로 다른 것이 없는 사람도 백인용 버스는 탈 수 없다는 사실도 생겼을 것입니다.

아마도 옛날의 중국에도 이와 비슷한 방법도 생각되었을 것입니다. 이런 경우 고스머리 인종(人種)이라고 하면 그들에게 있어서의 남만인(南蠻人) 동남(東南) 아세아 지방의 민족이라고 생각 되였을 것이므로 그 피를 받은 후손가운데에 곱슬머리의 사람들이 많이 탄생되고 있다는 역사적 전통적인 관찰(觀察)이 소위 중화지상주의(中華至上主義)와 혼합(混合)되어 동양관상학의 이와같 은 판단을 낳게한 것이 아닌가 하여집니다.

또한 동양관상학에서는 적모(赤毛)의 여자는 남자를 잡아먹을 만큼 정이 두터운 것으로 되여 있읍니다. 물론 이 설의 진위(眞僞)는 잘 알지 못하겠읍니다만 그것을 믿는다면 현대여성이 머리 칼을 붉게 물드리는 것은 섹스의 강한 것을 과시(誇示)하고 있는 것이라고도 할 수 있을 것입니다.

(3) 얼굴의 비법

사람의 얼굴을 위 아래로 3개로 나누어 상정 중정 하정이라고 불리운다는 것은 앞에서 기술했읍니다만 얼굴은 그 상정에 상당하는 부분으로 사람의 선천적(先天的)인 운명 유년기(幼年期)로부터 소년기(少年期)의 운세(運勢)는 상정의 위치에서 나타납니다.

얼굴은 또한 관상학적으로 지력(知力)의 발달을 보는 중요점(重要點)입니다. 사람의 얼굴이 극히 뒤쪽으로 휘여져 있고 또한 완전히 원숭이의 테두리를 벗어나지 못하고 있는 인상(印象)을 받았다면, 그 사람의 기능이라는 것은 어느정도까지 뇌수(腦髓)의 발달이 재주가 많은 원숭이 처럼 영리하며 재주가 있는 사람입니다.

이와같이 관상학적으로 얼굴을 관찰할 때에는 모양(形) 경사각도(傾斜角度) 넓이(廣) 색깔(色) 구름(皺)등이 문제가 되여지는 것이 중요하지만 하나의 인간의 얼굴을 물체나 동물의 얼굴과 대조하여 보는 것이 관상학 연구에 빠른 도움이 되는 것입니다. 이러한 비법이란 다른 책에서 사람에게서 들어 본 일이 누구나 없었을 것입니다. 오직 저자의 경험에서 얻은 비법이며 널리 알리니 후세를 위해 누구나 많은 연구를 하여 발전있는 관상학술이 되기를 바랄뿐이다.

얼굴에 있는 상처는 대개의 경우 운세상의 부디침을 나타낸다고 보아도 좋을 것입니다. 옛날의 군인들은 전쟁상처를 무용(武勇)의 자랑으로 믿고 존중하여 왔다고 합니다만 여기에는 어느 정도 지기 싫은 기분도 숨어 있지 않았을가 합니다.

관상학의 통설(通說)에서는 이상처는 중앙부(中央部)에 가까울 수록 악영향(惡影響)이 강하다고 되어 있읍니다.

필자의 경험으로는 그 적중율(的中率)도 상당히 높다고 봅니다.

그것은 심리학적으로 생각하여도 충분한 근거가 있읍니다. 여성은 물론 남성에게도 자기 얼굴이 이쁘다 못났다 하는 의식은 항상 머리 속내에서 떠나지 않는 것입니다. 그러므로 머리에 상처가 있는 사람은 어쩐지 그것이 마음에 걸려 어떤 열등(劣等) 콤푸렉스에 빠지게 쉬운 것입니다.

특히 여성의 경우에 있어서는 그 콤프렉스도 남성에 비교하여 대단히 강렬(强烈)합니다. 자기는 이와같은 못난 얼굴로서 결혼은 도저히 할 수 없는 것이라고 속단(速斷)하고 부모를 원망하고 자기 자신의 운명을 저주(咀呪)하고 자기 스스로가 비극적(悲劇的)인 방향으로 전락(轉落)하여 가는 것이 결코 적지 않읍니다. 얼굴의 상처가 어데 있든지간에 똑 같은 것이라곤 할 수 없읍니다 얼굴의 상처가 가장 두렵다고 하는 것은 관상학의 정설(定說)이기도 하고 필자의 경험으로서도 틀림이 없다고 생각됩니다.

그러나 다행하게도 최근에는 정형외과 기술도 많이 발달하였음으로 예를들면 화상(火傷)이라든가큰 흉터가 있는 상처라고해도 눈에 뜨이지 않을 정도까지는 정형할 수 있다고 합니다. 그러므로 얼굴에 상처가 있는 사람 특히 여성들에게서는 될 수 있는대로 빨리 믿을수 있는 전문의에 상담할 것을 권합니다. 그러치만 엄밀히 말해서 수술의 상처는 남기게 될 것이니까 운명학적으로 큰 난(難)을 적은 난으로 바꾸어 치는 것으로 끝냈다는 것이 되겠읍니다. 얼굴 밖의 곳의 상처라고 하여도 같은 것이라고 생각하여 주시기 바랍니다.

그 다음은 얼굴의 가로(縱)의 넓이의 문제입니다만 이것은 자기의 손가락 3개가 들어갈 수 있는 넓이를 보통 표준이라고 생각합니다. 그 보다 좁을 때에는 어렸을때(幼少年期)에 대단히 심한 고생이 있었다고 판단하여도 우선 틀림은 없읍니다. 그 보다 넓은 때에는 어렸을 때부터 모든면에서 풍요하고 고생다운 고생도 없이 지냈던 사람이라고 생각하여도 좋을 것입니다.

다만 중년이상(中年以上)의 나이(年)의 사람으로 대머리가 되기 시작하였고 머리카락이 빠지기 시작하여서는 이 감정법(鑑定法)은 보증할 수 없는것이 되므로 조심과 연구를 깊이 하여야 할 것이다.

(4) 입은 家庭을 表現한다

人相學에서는 입은 家庭을 表現합니다. 입의 輪郭이 고은 사람 特히 上唇의 線이 고은 사람은

經濟的으로 풍요한 中流以上의 家庭에서 자라난 사람입니다. 이에 反하여 입의 輪郭 即 입술의 線이 分明치 못하고 보기 흉한 사람은 男女를 不問하고 經濟的이나 精神面에 있어서도 불우 하였든 사람입니다. 당신의 입의 윤곽이 分明함에도 불구하고 이때까지 가난한 家庭에서 자라 낫다면 장래는 經濟的으로 윤택하고 혹은 돈은 없다 할지라도 名譽가 있고 地位가 있는 家庭을 가질 것입니다.

때문에 당신이 良家에서 자라고 입의 윤곽이 分明하게 태여 났다면 모처럼의 好運을 노치지 않게 하기 위하여도 되도록이면 結婚하는 相對는 입이 分明하게 잘 생긴 사람을 선택하여야 할 것입니다. 그렇게 하지 않으면 그 結婚은 破綻을 가져 오거나 간다 할지라도 死別할지도 모를 일입니다. 선을 볼 때에는 우선 相對의 입술의 感度를 잘 보아 주십시요.

또한 입은 아시는 바와 같이 粘膜으로 되여 있읍니다. 皮膚中에서 着色部입니다. 人體에 있어서 粘膜이 外部에 노출되고 着色되여 있는 것은 입、乳頭部 陰部 및 肛門에 限합니다.

그러한 理由에서 입과 性感을 관련시키는 여러가지 說이 생겨났읍니다. 맞는 것도 있고 단순한 空想의 所産도 있읍니다. 그 중에서 筆者의 經驗으로서 判斷하여 比較的 맞는 것을 列擧하겠읍니다 마는 아무튼 입은 家庭環境을 말하고 있다는 것을 우선 알아 주십시요.

※ 입이 큰 女性은 夫를 養生한다.

입의 大小를 定함에 있어서 人相學에서는 여러가지 說이 있읍니다 마는 前面에서 보아서 左右의

瞳孔幅 사이에 입이 있으면 普通입니다. 두개의 黑眼의 中心에서 垂線을 내려 이 間隔 보다 입의 兩端이 돌출 하게 되면 큰입이며 그렇지 않다면 적은 입이라 할 것이며 他人이 보아서 큰입이라는 印象을 주는 것은 얼굴 全體의 面積에 比較하여서. 입니다.

입은 바이다리티(生活意欲)를 말합니다. 입의 수축이 좋고 살(肉)도 적당하며 웃읏을때 크게 입을 벌이는 笑顔의 所持者는 萬事에 意欲的이며 將來性이 있고 金運도 풍부합니다.

이에 反하여 입이 적은 사람은 小心者입니다. 특히 男性의 경우 얼굴에 比하여 입이 적은 사람은 人物의 스켈도 적고 大事業도 할 수 없읍니다. 女性에 있어서 옛부터 입이 적은 婦人을 좋아 한 것은 小心하며 항시 夫君의 뜻을 잘 받들고 사소한 일도 잘 하기 때문이 였읍니다. 또한 옆얼굴을 보아서 입이 적고 안으로 드러간 듯이 보이는 女性의 性格은 消極的입니다. 이 點에 있어서도 입이 적은 女性을 옛날에는 좋아하였든 것입니다. 사람과 言爭을 싫어 하는 平和主義者입니다.

큰 입의 女性은 性格이 陽性이며 바이다리티도 旺盛함으로 夫君이 일을 하지 않아도 養生하여 줍니다.

其他 實業界에서 女社長이라 이끌은 社會에 人物인 女性에 입이 큰 사람이 많습니다 이와같은 것은 逆으로 그녀들이 지니고 태여난 운명이라고 하기 때문에 오히려 夫君이 될 男性이 世上의 表面에 나타나지 않은 家庭的인 타잎 쪽이 夫婦生活은 圓滿하게 될 것입니다.

대체로 입이 큰 여성은 생활능력은 있어도 가정적이 되지 못하는 경향이 강하기 때문에 만약 부부생활을 원만히 하려면 第一線에서 후퇴하고 보조 역할을 하는 것이 현명할 것이다.

※ 입이 큰 女性은 絶頂에서 大聲을 낸다.

大體로 前項에서 明白하게 말한바와 같이 입이 큰 女性은 대체로 社交家 입니다.

이것은 小腦와 關係가 있으며 人相學에서는 口脣의 크기는 小腦와 一致 한다고 합니다마는 小腦가 後頭部에서 突出한 사람 即小腦가 큰 사람은 대체로 他人에 對한 同情心이 강하고 自己를 희생하여서도 남의 일을 해주는 타잎입니다. 反對로 後頭部의 偏平한 所謂 「絶壁」型의 사람은 利己的이고 自己主義的입니다.

그러한 사람에 있어서는 口脣은 적고 얄팍합니다. 때문에 입이 큰女性은 陽氣이며 사람이 좋다고 할 수 있을 것입니다. 專物에 집착하지 않고 체념이 빠르고 좋습니다. 異性에게는 積極的입니다. 그리고 누군가를 熱愛하게 되면 친한 사람에게 이야기 하지 않으면못배긴다. 침실에서도 기분이 좋으면 大聲을 지르는 타잎입니다.

그러나 입이 크기만 하고 살이 얄팍하고 彈力이 없는 입은 애정적으로 차가우며 性器도 크지만 하고 좋지는 않은 것 같습니다. 一說에는 總體的으로 입이 큰 女性은 사랑에 있어서도 촉감이 결여된다고 합니다.

性器는 어디까지나 脣의 살붙음과 彈力性에 注目하여야 하며 입이 큰 자에 젊고 彈力의인 脣의 女性이면 반드시 性感이 강하고 에크스타시에서 소리를 지르기 때문에 男性을 心理的으로도 滿足

□ 陰陽 表裏의 關係인 境遇

大體로는 吉이라고 하나 **인생**의 苦惱, 흔들림, 決斷을 내리지 못하고 좌왕우왕한다. 이 경우에 **支의 상호관계를 중요시하여야** 한다.

□ 出產關係의 감정에 있어서는 出產期日에 臨迫해서 判斷하는 境遇와 **초기에** 判斷하는 것과는 大端히 事情이 달라지기 때문에 充分히 注意하지 않으면 안된다.

例를들면 姙娠初期의 占에서 天干이 相生되고 支는 相剋인 境遇에는 流產等이 발생되며 (支의 相剋) 姙娠末期에는 前述한 바와 같이 出產自體가 어렵다든가 胎兒가 死產되고 母體 만으로 救助된다든가 하는 式으로 볼 수가 있다. 이와같이 初期와 末期와는 다르기 때문에 特別히 이런 點을 注意하지 않으면 안되는 것이다.

□ 姙娠初期에서의 占에서는 「戊」「己」가 表出되었을 時에는 相生이라 할지라도 流產의 뜻이 있다. 또 「庚」이 있을 境遇에 支가 相剋일 時는 **산모자신이** 出產을 할까말까 하고 망서리는 狀態라고도 할 수가 있다.

□ 現在의 姙娠中絶의 問題에서는 干과 支가 다같이 相生일 境遇는 中絶手術을 받아도 아무런 後患이 없다. 十干이 相剋이고 支가 相剋인 境遇는 出血多量으로 苦生을 하거나 身體衰弱으로 고생하거나 하기 때문에 수술후의 몸의 **건강의 회복에** 주의를 **각별히 기울인**

其他의 原因等으로(干의 相剋) 死亡한다든가 하는 일이 있음도 生覺할 수 있는 것이다.

다던가 入院하여 수술을 받거나 하는 큰 일을 취하도록 지시하지 않으면 안된다.

干天과 地支가 다같이 相剋하는 경우에는 手術을 받는 것은 不可한 것으로 한다.

□ 生年干(年月)과 日干과 時干과에 있어 남는(殘餘) 干의 相生 相剋관계는 **반드시** 중요시 하여야 한다.

연애에 있어서도 입술이 두터운 여성이 성욕이 강하다는 것은 이미 저술한바와 같습니다. 보다더 좋고 입술이 두텁고 적은 입 所謂나온 듯한 입의 女性은 긴짜구라고 합니다. 그러나 이것은 좀 틀리는 것 같습니다. 긴짜구의 與否는 오히려 입술 주위의 筋肉의 수축정도에 左右된다고 할 것입니다.

남자나 여자나 입술이 나온 듯한 생김새는 남녀간에 섹스나 부부행복을 깨뜨리는 일이 없읍니다.

※ 厚하지만 적은 입의 女性은 肢를 크게 벌린다는 말이 있다 알기쉽게 설명한다면 厚하고 적은 입의 女性은 誘惑에 弱하다고 알아 주십시요. 달콤한 말을하면 진짜든 가짜의 말이든 믿기 때문에 여자에게 남자가 유혹하면 쉽게 따라오며 뜻을 이룰수 있읍니다. 그리하여 强引하게 침대에 넘어 뜨리면 저항을 하지 못하고 체념하는 성품입니다. 이것은 적은 입은 小心者라는 말에도 關係가 있는것 같습니다.

大體로 厚하고 적은 입은 海角(口의 兩端)이 긴축되여 있기 때문에 옆 얼굴을 살펴보면 아래턱 이 부풀어 있는것 같이 보입니다. 元來이 타잎의 婦人은 대단히 官能的이며 남편을 사랑하며 섹스에도 만족하므로 평생동안 행복하게 살 것입니다.

또한 아래입술이 아름다운 線이 아니고 平平하고 肥大하여 너무 두텁게 생긴 사람은 운명이 凶하며 여자는 창부되고 남자는 부귀하는 운명이 된다. 여자는 多淫한 사람이라 보아라.

娼婦라는 것은 職業的으로 多淫이 되기 때문에 娼婦가 된 것인지는 의문입니다마는 어쨌든 물장사를 하는 나이 많고 下體가 肥大한 女性은 多淫으로 보아도 좋을 것입니다.

남성은 아래턱이 후한 편인 사람과 결혼하면 凶하지만 남자의 아래턱이 같이 두터우면 無害하리라.

※ 우에 입술은 貞操觀念을 나타낸다.

입의 大小와는 別途로 웃입술에 線이 直線的이고 고은 사람은 집안이 좋고 家風이 바른 집안에서 養育된 사람입니다. 性格에도 自制力이 있고 不潔 不道德을 싫어 합니다. 良心的이고 참다운 人間임으로 女性이면 貞操觀念이 강하고 誘惑을 이겨 냅니다.

가령 입술이 두터우면 愛慾적으로 보일지라도 위입술의 線이 긴축되여 있고 뚜렷한 입의 女性은 旣婚 未婚에 關係없이 몸을 保持함이 嚴함으로 輕率한 유혹에 넘어가지 않습니다.

또한 옆얼굴을 보아서 위입술이 아래입술을 위에서 누르는 듯이 입을 다무는 사람이 있읍니다

그와 같이 다무는 사람은 早熟한 사람입니다.

女性이면 成長도 남보다 빨라서 十四, 五세에서 훌륭한 肉體가 됩니다.

처음 體驗도 따라서 남보다 二, 三年이나 빠른 女性이 많은 것 같습니다.

또 一說에는 이와같은 입은 享樂을 좋아 하며 게으름의 性情을 나타낸다고 합니다.

이外 老人에게 많은 웃입술이 아래 입술의 內側에 말려 들어서 海角(입의 兩端)이 下向으로 긴 축된 입은 신경질 的이고 他人에게 難癖을 안겨주는 傾向을 나타냅니다.

또한 입의 앞이(齒)부근 위에 윗입술이 부풀어 오른 듯이 보이는 女性은 남의 다툼에 끼여들기 나 구설을 많이 듣기 쉬우며 세상에 출생하면서부터 대개는 두뇌가 명석하여 타인보다 월등히 똑똑하게 태여나서 장래에는 많은 사람에 존경을 받는 운명이 됩니다.

※ 입술에 흑점이 있으면 養祿이 풍부하다고 한다.

女性의 입술에 점이 있으면 아래 입술 웃입술을 막론하고 陰埠에 혹이나 점이 있는 법입니다 입술에 점이 있는 여자는 冷性한 질병이 있는 傾向이 있읍니다.

아래입술에 혹이 있는 婦人은 남편과 이별의 相이라 볼 수 있고 男子로서 아래 입술에 점이 있 으면 女難의 相을 나타낸다고 합니다. 만약 웃입술에 혹이 있으면 男女 共히 水難의 相입니다.

그러나 입술의 점은 惡相만은 아니고 좋은 運勢도 나타냅니다. 男女를 不問하고 食不足이 없으며 그것은 食祿의 相을 말해주기 때문입니다.

그리고 혹의 有無와는 別個로 입술에 切傷의 자욱이 있는 사람은 男女 共히 晩年에 金運이 나 쁘다고 합니다. 웃입술 아래 입술을 不問하고 特히 가운데 있는 혹이나 점은 좋지 않읍니다.

얼굴의 상처는 혹과는 달라서 말할 나위도 없이 後天的인 것입니다. 注意만하면 一生 幸運을 받지 아니하여도 되는 것입니다. 술에 취하여 하는 싸움等 多少의 힘자랑이라도 決코 하여서는 아니 됩니다.

이外 女性으로서 입술에 縱線이 많은 사람이 있읍니다. 多産系의 特徵입니다. 이와같은 女性과 結婚한 男性은 受胎調節을 完璧하게 하지 않으면 不知間에 多産을 하게 될 것입니다.

男女 不問하고 입술이 검은 사람은 陰部도 검습니다. 이상하게도 이는 一致하는 것같읍니다. 特히 女性으로서 검은 입술의 사람은 乳頭 即 乳首와 꼭지의 部分도 검을 것입니다. 입술이 많이 검은 사람은 淫亂합니다.

女性의 경우 乳頭가 매우 검은 것은 姙娠을 中絶하게 되였을 때라고 볼 수 있을 것입니다. 그러나 젊은 女性으로서 乳頭가 異常하게 검으며는 몇번 中絶의 經驗이 있다고 볼 수 있읍니다. 産婦人科 醫師는 乳頭를 보며는 대체로 區別할 수 있다고 합니다.

입술색은 自然스럽게 붉은 것이 男女共히 좋습니다마는 中年 男性으로서 女子와 같이 붉은 것은 呼吸器系에 疾患이 있기 때문이며 그의 입술은 女子와 같이 붉다. 그는 喘息의 持病을 가지고 있다. 데루란트의 「人生과 運命」에 의하면 「男子의 脣紅色이 過多함은 多情 荒淫의 度가 없고 몸을 망치는 性格임을 나타낸다.」 이것 또한 그길의 베테랑 吉行의 一面을 말하는지도 모르겠읍니다. 異說도 없잖아 있어서 입술이 붉으면 官祿으로 成功한다고도 한다.

※ 口이 촉촉히 젖어 있는 女性을 노치지 마라.

着色 粘膜部로서의 입과 女陰은 共通되여 있읍니다. 男性과 이야기 하면서 입술을 혀바닥으로 빠는 습관을 가진 女性이 있읍니다. 이와같은 女性의 입술은 적어도 男性과 相所하고 있을때 촉촉하게 젖어 있게 마련입니다. 그러므로 남자를 좋아하고 있다는 표현입니다.

女陰은 자연히 愛液으로서 젖게 마련입니다마는 입술 自身은 아무것도 分間하지 않습니다. 그래서 밑이 젖어 오면 無意識적으로 그녀는 입술을 적시는 것입니다. 입술이서로 빠는 것입니다. 입술을 잘 빠는 女性과 즉 입술이 항상적셔져 있는 女性은 섹스도 恒常적셔져 있게 마련입니다. 女性과 이야기 도중 그녀가 無意識的으로 자기 입술을 빨고 있으면 즉 입술이 젖어 오면 明白히 이것은 愛情으로 發하고 있는 상태임으로 相對的인 男性은 이 찬스를 잃어버리지마십시요. 그녀는 無防備 狀態입니다. 크게 積極的 行動을 取하면 쉽게 소원이 이루어집니다. 好機란 이러한 冷靜한 觀察에 暗示된 行爲를 말하는 것입니다.

不必要하게 女性이 입술을 손끝으로 만지고 있을 때도 그러 합니다. 밑이 간지러워 온 증거라 할 것입니다. 말 하자면 女性自身이 發하고 있는 터이므로 男性은 行動이 있을 따름 입니다.

女性은 따라서 男性 앞에서 자기 입술을 빠는 것은 나도 모르게 自己의 약점을 상대방에게 보이는 結果가 된다는 것을 알아야 하겠읍니다.

※ 八字型의 입의 女性은 아래이다.

女性의 입의 兩端이 치켜 올라서 미소 짓고 있는 듯이 되여 있는 것은 陰部의 部位가 높나 하겠읍니다. 反對로 입의 中央이 높고 兩端이 아래로 八字型인 입의 女性은 대체로 음부가 밑에 붙어 있읍니다.

모든 女性은 老年이 되면 입의 兩端이 축처저서 八字型이 됩니다마는 이와같이 되면 局部도 밑으로 처저서 긴축이 없어 지게되며 젊은 여성이라도 아래 에처진 것은 긴축성이 없다고 「淫相學」에서는 말하고 있읍니다. 또한 局部가 높은 것은 好配偶者를 만날 수 있는 良相으로서 良緣을 만날수 있을 것입니다. (그러나 이 事實 自體에는 別根據가 없다고 筆者는 生覺합니다.)

다음 이것도 흔히 볼 수 있읍니다마는 위입술이 突出된듯 하여 그 中央이 아래 입술을 눌르는 듯한 女性은 역시 陰部가 下向이 되여 있읍니다. 그래서 밑에 붙어 있다고 할 것입니다. 또한 大體로 입이 큰 女性은 섹스에 신축성이 없으며 입술이 厚한 女性은 膣이 얕으며 웃입술의 예민한 女子는 음부질이 길다 하겠읍니다.

또 別册에 依하면 上下의 입술에 危薄이 있음은 그만큼 男性이 좋아하고 싫어 함을 나타내는 것으로 上下의 厚味가 同一한 사람은 丹滿한 夫婦生活을 約束할 수 있는 良相이라 합니다. 나쁜것은 上下 어느쪽이든 입술을 비틀거리는 습관이 있는 女性大體로 이와같은 女性은 마음과 입으로 말하는 것이 相違하며 即邪心이 있고 多淫家입니다.

※ 입술을 벌리고 윗 몸을 보이면서 웃는 女性은 한·사람의 男性으로는 滿足하지 못하다는 운명이 됩니다.

上齒의 이틀을 노출 시키면서 웃는 女性이 있읍니다. 筆者의 體驗에 의하면 가장 유혹에 弱한 女性입니다.

노골적으로 요구해 오면 거절할 수 없도록 되는 대로 내 매겨 버리는 타입이며 「人生 意氣에 通한다」는 傾向도 있으며 이 型의 女性은 性的으로 弱하다.

弱함에도 불구하고 자존심과 마음은 强하여 울지 않는 강직한 성품입니다. 또한 樂天家이기도 합니다. 冷靜한 計算도 마음 한 곳에서는 하고 있읍니다. 그러나 잘하는 말로서 유혹하면 빵끗웃으며 스스로 男子가 말하는 대로 움지기게 됩니다. 사랑에는 가장 함락하기 쉬운 女性이라고 할까요.

그러나 삐뜨러진 氣味도 있어서 잘못 유혹하여 自尊心을 상하게 하면 몸은 허락하여도 마음속으로는 男子를 경멸합니다.

이 틀을 보이면서 웃는 女性은 또한 藝術的인 天分의 혜택을 입고 있읍니다. 그러나 性格破綻

132

의 傾向이 强합니다. 이 를 보이면서 웃는 사람은 男女不問하고 貞操觀念이 希薄합니다마는 그대신 왜그런지 神經은 銳敏하고 音樂에서 감동을 잘받는다. 自身이 樂器를 연주하는 사람의 경우는 더욱더 그러합니다마는 총체적으로 音樂 愛好家는 貞操觀念이 결여 되여 있는 사람이 많은 것 같습니다.

딴말로서 말한다면 당신이 이 몸을 들어내여 웃는 타입이라면 당신은 音樂的 才能을 가지고 있읍니다.

(5) 귀를 보는 法

귀(耳)는 女性의 심볼입니다.

옛날부터 귀는 女性器의 形態를 表顯한다고 하여 왔읍니다.

귀 內部의 부분이 큰 女性은 膣도 크다. 全體가 가늘고 入口가 좁으면 膣의 수축도 좋다는 것입니다. 이 講의 形態 열임等은 千差萬別로 되여 있읍니다. 얼굴이 정돈되여 있고 코날도 오똑하며 눈언저리가 明確한 것이 美人의 一要素임과 同時에 耳講도 女性을 評價함에 重要한 포인트로 생각하여서 연구하시기 바랍니다.

美貌의 評判의 映畫배우들도 테레비 또는 雜誌等에 귀가 보이며 그 귀가 큰 입을 벌이고 있는 것을 보게 되면 실증이 나는 귀라고 보십시요. 얼굴은 미인인데 귀를 보면 정을 줄 수 없는 재미 없는 사람이라고 판단하라. 美人이며 評判의 스타 일수록 오히려 귀속이 큰 것이 많다. 말하자면 美人이기 때문에 그것의 不良함이 한층더 나타나는지 알 수 없읍니다. 男子에 있어서는 아무리 美人이라 할지라도 무다리가 되었거나 푸로포숀이 나쁘면 美人이라 할수 없는 것과 同一합니다. 勿論 그중에는 三拍子가 맞는 美貌 스타도 있읍니다. 讀者諸賢이 今後 이것을 테레비와 잡지에서 再發見하실 것입니다. 내가 말하고저 하는 것은 女性中 눈이 빛이 난다는 그것 만으로 男子의 마음을 끄는 사람이 있읍니다. 決코 美人은 아니지만 입가에 이상한 애교가 있다든가 어디엔가 특별히 마음에 드는 곳이 있을 것입니다. 이런 점을 첫째 귀를 보고 입을 보고 그사람의 부부관계를 말하십시요.

西紀 1976年부터 「귀가림」이 되도록 장발족이 流行되고 있읍니다. 이것은 女性에 있어서 제일 중요한 곳을 가리우는 것과 같으며 호색의 男性 눈을 피하기 위하여 考案된 것이라 생각하였다며는 그 사람들의 마음 갖임에 敬意를 表해야 할 것입니다. 著者도 관상학에 例外가 있음을 否認하지는 않으나 귀의 講部分이 膣를 表現하고 있다는 이說에는 半面의 眞理가 있읍니다. 筆者의 經驗으로 말 하는 것입니다. 即 女性은 (自己의 모형을 귀에 달고 다닌다고 판단하고 연구하는 것이 적당하다고 보는 것입니다.

※ 耳가 下에 달여 있는 女性은 음부가 上位에 붙어 있다.

女性의 섹스를 評價함에 있어서 「위 부착」「아래 부착」이란 말을 씁니다. 實은 體位로서 解決할 수 있는 것으로 섹스 그 自體와 關係가 없음은 이미 앞에서 解明 하였읍니다만 그러나 위부착 쪽이 正常位이며 **사랑할때 만족감도** 쉽게 알수 있으며 (姿勢도 서로 무리가 없이) 行爲를 行하기 쉬운것은 事實입니다.

그러기에 위부착 女性을 좋아하는 風習이 생긴것도 當然한 일이며 옛날 사람은 女性의 얼굴이나 肢體에서 그것을 選別하는 方法을 案出 하였읍니다. 귀에 의한 그 간단한 鑑定法이 있읍니다.

귀가 눈의 線보다 밑에 있으면 그것이 밑으로 부착되어 있을수록 貴人의 相이라 하여 옛날에는 좋아 하였지마는 그것이 女性이면 그녀는 위부착입니다. 反對로 귀가 머리에서 튀어 올듯 위에 부착되여 있는 婦人일 수록 아래 부착입니다.

따라서 귀가 突起하여 머리에서 튀어 나올듯이 大形임을 할 수 없게 되어 버렸든 것입니다. 그 것이 次次 進化하여 귀는 단순히 物音이나 이야기 소리 音樂의 아름다움 만을 듯게 되였읍니다. 即 귀가 얕게 밑으로 부착되여 있는 사람일수록 進化論的으로는 進步되었다고 볼 수 있는 것입니다.

다시 말해서 지금 說明한 「위부착」과 「아래부착」과 進化의 關係를 想起하여 주십시요. 情熱的 女

性일수록 아래에 부착이 되여 있읍니다. 이렇한 여자의 음부관계를 귀도 연관되며 표시하고 있읍니다. 即 그녀의 耳의 位置를 보게 되면 進化論的으로 그녀가 위부착인가 아래부착인가 알 수 있읍니다. 그 性情도 알수 있읍니다.

또한 膣의 大小까지 알게 된다면 귀를 소홀이 할 수는 없을 것입니다.

※ **귀밥이 적은 女性은 內緣의 妻에 合當하다.**

前項과도 關係가 있읍니다마는 古來로 東洋에서는 귀가 큰 것을 福耳라 하여 長壽 裕福의 표징이라 하여 貴하게 생각되여 왔읍니다. 그러나 西歐에서는 귀가 큰 사람은 警戒心이 强하고 動物的의 精力이며 實行力은 풍부하지마는 思索型은 못된다고 보고 있읍니다. 知性派의 귀는 그렇게 크지 않다는 것입니다. 한편 東洋의 觀相街에서는

「귀가 웃둑 솟음은 智가 있고 얕게 처진것은 智가 적다.」

또한

「耳形이 적으며는 마음이 비급하고 눈물에 弱하며 耳大하면 心大하다. 垂珠(귀밥)이 적은 사람은 短氣이지만 才가 있다. 귀밥이 크고 두꺼운 것은 마음이 풍부하고 誠實의 人이다.」

라고 말하고 있다. 東洋과 西歐式은 어느쪽이 옳을까 하면 이는 오히려 他諸器官과의 總合으로 判斷하여야 할 것입니다.

女性의 幸 不幸은 무엇이라 하여도 相對 男性으로 決定됩니다. 이러한 女性의 男性運은 귀밥의 크기로 봅니다. 우선 귀밥이 크고 툭 튀여 나와 있는 귀는 福相이라 하며 女性이면 性格이 밝고 感度도 良好하며 男性의 사랑을 받으며 男運이 좋다고 합니다.

反對로 말해서 귀밥이 풍부치 못한 귀는 물장사에 직업으로 생활하는 女性이 많으며 男便運이 좋지 못한 相입니다. 한번은 結婚에 失敗하는 경우가 많습니다. 그대신 이 耳相의 女性은 「同棲」型이며 內緣의 妻가 合當하다. 即 男性으로서는 妻 以外의 愛人으로 보아 주는 데는 뒷 걱정이 없어 合當한 相對라 말할 수 있읍니다. 耳相에 있어서 그녀는 「男便運이 나쁘기 때문에 이와같은 女性과 結婚한 당신은 即 나쁜 男便이 된다는 것입니다. 이 귀를 「과부귀」라 이끄는 것도 一理가 있는 것입니다. 그러나 愛人에 合當한 정도이기 때문에 섹스面에서는 훌륭한 女性임으로 이러한 女性을 愛人으로 가지는 男性은 밤의 行爲가 過하여 早死할지도 모릅니다. 그러므로 과부의 귀라고 말하는 것입니다. 귀밥이란 귀맨밑에 머리편에 붙은 근육과 귀두께를 말하는 것입니다.

※ 婚前의 妊娠中斷은 아기의 귀에 나타 난다.

그 女性이 前에 妊娠中絕의 經驗이 있는가 없는가는 出生한 아기의 귀를 보면 알수 있읍니다.

古來로부터의 說에 의하면 長男으로 태여나는 사람의 귀는 廓의 下方이 튀여 나오지 않습니다.

即 廓의 下方이 突出한 귀의 男性은 長男이 아니며 次男 三男이라 한다. 따라서 養子가 될 男子

近年 未婚 女性의 姙娠中絶이 社會問題가 되고 있읍니다. 만약 女性으로서 未婚時代에 에는 廓이 突出한 사람이 많다고 합니다.
게 놀아 나서 그 結果姙娠中絶이란 形態로 處理하여 버린 일이 있으며는 모른 체하여 아무것도
모르는 男性과 結婚하여도 첫 產을 한 男子의 귀가 長男의 特徵을 具備치 않으므로 단번에 그녀
의 過去를 알게 되어 버리는 것입니다.
가령 婚前에 二回 中絶했으면 結婚하여 男兒가 出生하여도 母體에서 出生한 그 아이는 長男이
아니고 實은 三男일 것입니다. 그리고 그 아이는 實際로 三男으로서의 耳相 人相으로 태여난다는
것입니다. 따라서 그 아이의 耳廓은 突出되여 있는 경우가 많습니다. 極端的으로 突出되여 있지 않다
할지라도 廓이 약간 나와 있는 일이 많습니다. 勿論이는 中絶한 아이가 男兒였음을 假定할 때의
이야기입니다만.
正常的인 夫婦 사이에서 經濟的인 理由에서 한번 또는 두번 人工流產을 했을 경우에도 이 現象
은 分明하여 次男 또는 三男의 耳相으로 태여 난다고 합니다. 이상한 것은 가령 男便에게 딴 女性
사이에 숨겨둔 男兒가 있고 本妻가 初產의 아이가 出生하였을 때의 경우 입니다. 이것 또한 父親
으로서는 次男이기 때문에 그 아이는 次男의 귀로 出生하여 온다. 觀相의 大家가 되면 그 아이를
한번 보아서 참된 長男인지 아닌지를 안다고 합니다. 耳相 人相은 그만큼 무서운 것입니다.
以上은 男子兒의 경우만 해당되며 女子의 경우 유감이지만 「長女의 耳相」이란 있을 수 없읍니

다。 또한 中絶한 아이가 만약 女子 뿐이라면 몇번 中絶하여도 最初의 男子는 長男의 귀를 가지게 되는 것입니다。 이 경우 姙娠中絶의 事實은 子女의 귀로는 判斷되지 않습니다。 그러나 最初로 出生한 男子가 長男의 귀가 아니면…… 이 母親은 以前에 적어도 一回 그것도 男子를 中絶한 것이 되는 것입니다。

이러한 놀랄만한 사실을 알게 되면 손쉽게 姙娠中絶을 하지 말아야 할 것을 모든 未婚女性은 銘記하여야 할 것입니다。 勿論 그녀가 그렇게 하지 않으면 안될 責任의 半은 아니 모든 책임은 男性例에 있게 되는 것이며 이 世上의 男性은 戶籍上의 夫婦이든 아니든 항상 姙娠에 대한 豫防을 考慮치 않고 섹스行爲를 가저서는 안될 것입니다。

설령 相對 女性이 承諾하였다 할지라도 또한 世上은 알지 못한다 할지라도 出生되어 오는 子女의 中絶後의 耳를 지니게 된다。 一生 그리고 이 귀는 變하지 않은 것입니다。 불상하게도 당신의 長男은 耳相上 次男의 極印을 받을 것입니다。 이것은 道義的으로도 人間으로서 責任이 남는 問題입니다。

당신은 그러한 責任과 부담을 一生동안 子息에게 지워지지 않는 죄를 짓는 것이 되는 것입니다 생각하면 무서운 일입니다。 모쪼록 男女의 교제에는 심중에 심중을 期해야 할 것입니다。 未來의 귀여운 내 子息을 위해서 입니다。

※ 赤耳의 女性은 男子를 좋아한다.

귀가 부품하게 크고 모양이 좋은 사람은 마음의 소리를 듣는 것도 귀입니다. 또한 良心―――마음의 소리를 듣는 것도 귀입니다. 이는 聽이란 글자가 耳변임을 보아도 알 수 있읍니다. 「恥」를 아는 것입니다.

이와같이 귀는 肉體的인 것보다 心理的인 意味를 본래 가지는 器官으로서 象徵으로서의 女性器를 外見으로서 判斷하는 외에 性慾의 强弱등은 귀의 形態가 아니고 오히려 色으로도 判斷합니다 女性에 있어 顏色은 普通임에도 귀만이 항상 樓色의 사람은 大端히 섹스를 좋아하며 多淫입니다. 귀밥이 若干 朱紅빛을 내는 女性도 同一합니다.

男性의 경우도 피부色에 比하여 귀에 赤色이 있는 사람은 好色漢으로 보아도 좋을 것입니다. 또 귀에 점이 있는 사람은 色難을 表示한다고 하며 어떻게 된 것인지 孝子에 이 點이 있는 사람이 있읍니다.

耳의 血色은 大體로 그사람의 血行을 表示하는 것으로 所謂 「血液순환이 나쁜」사람은 컴컴하고 多少 보기 흉한 귀입니다. 反對로 潑刺하고 긴장하고 있는 사람의 귀는 血色이 좋다. 即 萬事에 能動的일 때 自然히 귀에 그것이 나타나게 마련이며 性慾의 强弱도 귀의 색갈로서 알게되는 것입니다.

※ 風當이 적은 사람은 長生치 못한다.

귀의 形態도 原來는 遺傳的인 것입니다. 그러므로 兩親의 귀모양을 이어 받게 됩니다. 앞의 例와 같이 次男三男(養子 타입)은 耳廓이 突出된다 할지라도 父母귀와 比較하여 論해야 될 것이며 여기서 問題가 되는 風當 또한 例外는 아닙니다. 風當이란 耳穴의 入口를 가리고 있는 적게 突出한 部分을 말합니다.

父母귀에 比하여 이 風當이 적은 사람은 短命이라 합니다. 短命이란 勿論 父母와 比較해서가 아니라 一般的인 意味의 短命인 것입니다.

勿論 風當은 적어도 手相에서 生命線이 긴사람도 있습니다. 모든 觀相術은 總合判斷에 의한 것임을 잊어서는 안됩니다. 가령 당신의 風當이 極端的으로 적다하여 自己는 短命하다고 先入感을 갖지 말것입니다. 어디까지나 이 册에서 說明하고 있는 것은 觀相術에서의 各己의 參考 事項입니다.

다음은 耳穴에 毛髮과 같은 털이 있는 사람이 있읍니다. 長壽의 相입니다. 異常하다 하여 이를 뽑아 버리는 일이 없도록 注意할 것. 耳毛를 人相學에서는 耳毫라 하여 대단히 좋은 것이며

이外 左右耳의 크기가 눈에 보이게 相違한 사람은 片親에 緣이 적다고 합니다. 右耳는 父 左는 父親입니다. 따라서 例컨대 右耳가 左耳에 比하여 極端으로 적으면 母親과의 緣이 적고 即母親과

生別한다는가 父親보다 먼저 母親을 잃게 된다고 할 수 있읍니다. 左耳가 貧弱하면 父親을 일쯕 잃어버리게 되는 것입니다.

(6) 眼(눈을 보는 법)

정말 重要한 眼相에 相學上 眼은 特히 중요한 意味를 가지는 것이므로 상세히 說明하겠읍니다.

※ 眼大의 男性은 說得을 잘 한다.

「眼은 입과 같은 말을 한다」.

이말은 정말 잘한 말이며 眼大한 사람은 言聲도 크다. 聲量의 大小와 眼의 大小는 一致합니다.

노래잘하는 사람은 눈이 크고 입도 크다. 그리고 치아도 아름답다.

顔面에 比하여 눈이 큰사람은 大體로 聲의 素質도 좋은 것과 같이 音聲리듬 感도 發達되여 있으므로 무용도 잘 한다. 性格은 活潑하고 感受性이 풍부하다.

말도 잘하며 변론가되면 대길하다.

이것은 男性에게도 **적용되며 설득력이** 좋다. 戀愛기술이 많이 있는 男性은 눈이 큰것 같습니다

이와는 反對로 눈이 적은 男性은 說得力이 없읍니다. 勿論 說得力과 인기가 있는 것은 別個이지만 大體로 눈이 적은 男性은 說得力이 없다고 하여도 무방할 것입니다.

눈이 적은 사람은 궂은일에 정성을 다하는 性質이 있어 무엇인가 世上을 위하여 意義있는 일을 할려고 마음먹는 사람이다. 그러므로 작가문학가 소설가 등이 吉하다.

※ 사랑하는 애인을 구할려면 눈이 큰 女性을 구하라.

큰눈을 가진 사람에게 愛人이 없다고 합니다. 특히 女性이 그러 합니다.

눈은 마음의 窓이며 큰눈의 女性은 마음도 開放的이기 때문에 눈가림을 할 수 없읍니다. 性格은 陽性이며 그리고 섹스에 있어서도 **개방**적이라 할 수 있읍니다.

되면 곤난한 情事도 무의식적으로 말해 버립니다.

눈이 적은 女性보다 눈이 큰 여성은 유혹에 넘어가기 쉽다. 어떠한 酒店에 두사람의 女性이 있었다고 합시다. 다같이 同一하게 美人이라 합시다. 그럴때 눈의 크기를 대조하고 시험을 하여 보면 연구하는데 成功率이 높을 것입니다. 그 場所에 그 두사람의 女性에게 접근하여 보는 경우는 必히 眼間距離(眉間)이 넓은 쪽이 보다 쉽게 친하게 되기 쉬울 것입니다. 理由는 이러 합니다.

大體로 눈과 눈 사이는 그 中間에 또 하나의 눈이 들어갈 수 있는 程度가 成人의 表準이며 兒

童때는 이 間隔이 좁고 老人이 될수록 이 간격이 넓어져 갑니다. 그러므로 兒童때 부터 눈과 눈사이가 넓은 兒童은 早熟하여 色情이 왕성하기 때문에 男子의 유혹에 弱하게 마련입니다.

만약 金이란 여자는 눈과 눈사이가 넓고 최란 여성은 눈과 눈사이가 넓다고 한다면 두 사람을 놓고 사랑을 속삭일려고 한다면 눈과 눈사이가 넓은 쪽이 희생정신으로 덥벼들 것입니다. 또한 著者 자신도 눈도 크고 눈사이가 넓은 최씨 여성을 택하게 될 것입니다. 이것은 누구나 시험을 해 본 후에야 이해가 될 것으로 믿는 바이다.

한편 女性側에서 남자를 주시할 경우 눈이 적은 男性과 눈이 큰 青年이라면 眼玉이 큰 쪽이 精力家이며 대담성도 있읍니다. 돈을 빌리는 것도 잘하고 萬事에 確實하고 화려한 타입이기 때문에 上司의 눈에도 잘들도록 노력하여 運命을 잘 헤쳐 나갑니다. 女性에의 푸레센트等도 決코 이저버리지 않는 꼼꼼한 편이다. 옛날 風으로 말하면 호걸풍이라 할까. 노는데 있어서는 女性에게 권태감을 주지 않습니다.

눈이 적은 쪽은 이와는 對照的으로 原來화려 하지 않은 性格이며 돈도 잘못벌고 交際術도 없고 戀愛기술도 좋지 않은 모든일에 便乘하여 빠르게 成果를 올리는데는 不適當 합니다. 勿論 그러한 速決主義를 輕蔑하는 性格입니다.

그대신 實(알맹이)이 있다고 할 수 있을 것입니다.

※ 圓視의 女性은 쎅스가 좋다.

圓視의 女性은 쎅스가 좋다고 옛부터 전해 오고 있읍니다 마는 정말인지 모르겠읍니다.

M의 방송국에 있는 K氏는 이 일로 筆者에게 말해준 적이 있읍니다. 대단히 含蓄性이 있는 말을 여기에 아래에 적어 보겠읍니다.

映畵나 테레비의 사랑하는 장면에서 가장 어려운 것은 역시 눈을 어디에다 두느냐 하는 것이라 합니다. 눈이 연극을 하는 것입니다.

脚本은 어떻게 되여 있든 아무리 名優라 할지라도 人間이기 때문에 별로 좋아하지 않은 相對女優에게 반해 버리는 演技를 하였다 눈은 正直합니다. 眼은 거짓말을 하지 못한다. 하물며 구로스앞의 경우 眞實로 좋아하지 않은 女優와의 사랑하는 장면에서 좋아하는 것 같이 보이게 하는 그 演技가 오히려 보기 흉한 연기가 되어 보인다. 視聽者나 觀衆을 속일수는 있지마는、男의 權威者의 冷徹한 눈을 속일수는 없다. 그로 인하여 몇번이나 自身이 진땀을 빼는 듯한 생각을 하였다고 합니다.

그點 圓視의 女性이라면 (實제는 그러한 女優는 없지만) 焦點이 흐려지기 때문에 例컨대 키스나 抱擁으로서의 얼굴을 近接시킬때라 할지라도 그녀의 눈은 어디를 보고 있는지 알수 없고 또 무엇을 생각하고 있는지를 모르기 때문에 연기를 하고 있다는 俳優 스스로의 어떠한 不自然을 느끼지 않아도 괜찮게 된다. 即 演技에 沒頭할 수 있다고 K씨는 말하고 있읍니다.

相對役이 未熟하면 어떤 名優의 演技라도 잘 되지 않을 것입니다. 所謂 呼吸이 맞는 다는 것이

演技에서는 絕對 必要하며 더욱이 사랑을 하게 되면 相對方의 연기가 좋지 않게 되고 좋지 않게

된다면 연기에서 진실로 情이 통하지 않는 것으로 나타날 것이다.

그點 오히려 圓視의 女子이면 눈과 눈이 마주쳐도 焦點이 흐려져 있기 때문에 연기하기 容易

하다고 할 것입니다.

圓視에 對하여 또 하나 相學에서는 上向으로 圓視하는 것과 下向으로 圓視하는 것이 있어서 이

中 上向은 그리 나쁘지 않지만 下向은 運命的으로 家庭不和의 相이라 한다.

또 男子의 경우 적은 눈으로 圓視하는 것은 不正한 色情에 빠지는 女子만 要求하는 眼相이라고

할 수도 있다.

※ 「象眼」의 男性은 晩年에 大事業을 한다.

큰 눈에도 힘이 있는 눈과 그렇지 않은 눈이 있읍니다.

눈에 힘이 있는 사람은 事物의 構想이 크고 間膽이 크며 非凡한 手腕家로서 大事業을 達成할

수 있는 힘을 가지는 사람입니다.

가령 눈은 크고 身體가 작으며 亨樂主義者이며 또는 中間定度의 신체이며 눈이 작은 사람도 향

락주의자이다. **男女를** 불문하고 이상의 사람은 화려한 청춘시대를 보낸다. 화려한 반면에 일찍숙성해서 사회적으로 일즉 출발하여 자미있는 생활을 요구하는 사람이다.

또한 文構想을 實現시키기 爲하여는 눈뿐만 아니라 體軀도 세심히 살펴보는 것이 현명할 것이다.

또한 눈이 길지도 않고 폭도 없이 적은 사람은 小心하고 氣도 적은 사람입니다만 肥滿한 體格의 所有者에게 以外로 이와같이 눈이 적은 男性이 있읍니다. 야윈 사람의 경우 오히려 눈은 確實합니다.

肥滿 타잎으로서 눈이 가늘고 적은 사람은 條和한 성품으로 보이기는 하지만 그實은 마음이 적고 氣가 弱하다 하겠읍니다. 이러한 사람은 晩年에 不幸하게 된다고 합니다. 그러나 中年 40歲이후부터 건강이 비대해지는 것은 관계없는 것입니다. 체구의 크기와 눈의 크기가 같은 눈이라 할지라도 기다란 눈은 別個입니다.

이것을 中國相法에서는 「象眼」이라 하며 思索하는 사람의 눈입니다. 象과 같이 가늘고 긴눈 입니다. 人間이 무엇을 생각할 때는 자연히 눈을 가늘다랗게 합니다. 때문에 가늘고 긴눈을 思考力이 있는 滋悲 깊은 사람의 眼相입니다. 著者의 친한 사람 중에 이러한 상을 가진 사람이 있으며 연예인 백금녀씨와 같이 체구가 크면 富貴의 相이라 하여 晩年에 一大慈善事業을 成就할 수 있는 사람입니다. 그러나 性格은 原來 陰氣일 것입니다. 눈이 적은 사람은 이것이 特徵입니다. 그러나 사람은 직업을 택하는데에서도 성격이 변동되며 쾌활한 성격을 발휘하여야 할 위치는 그대로 성격이 직업적으로 변화됩니다.

※ 出眼의 女性은 젊은 과부가 된다.

男性의 出眼에는 큰 작용이 되지 않으나 女性에 있어서는 出眼이 특별히 吉凶의 相으로 판단이 된다。出眼이라고 하면 눈알이 튀어 나온 것을 말하는 것이겠지만 여기에도 원眼이란 것이 있다 원眼이란 눈알 上下의 幅이 넓은 눈을 말하며 다시 말해서 눈알이 둥근감이 있으면서 튀어나왔다고 생각이 드는 눈을 관찰하여야 된다。

이같은 눈은 못보면 大體로 眼球가 出眼으로 보이지 않는 數도 있으나 완전히 튀어 나온 것과 아니 나온 것은 초보자라도 이해할 줄로 믿는 바이다.

이러한 여성은 젊어서 과부가 된다고 人相學에서는 말한다。女子가 과부된다는 것은 男片이 早死한다는 뜻인데 남편이 어떻게 된 사람을 만나길래 早死하느냐는 것은 말할 것도 없이 아주 좋은 남편을 만나게 되는 것이다。남편이 죽는다 하여도 눈이 튀어 나온 여자는 다른 남자와 재혼을 하지 않는다。현사회에서는 남자 여자의 관계를 간단히 취급하고 더욱이 간단하게 생각들을 하고 있는 사람이 많으므로 정조관념은 쇠퇴되어 가고 있을때는 조금 잘 맞는 편이 아니라고 보는 것이 현명할 것입니다。相學이나 四柱學이나 모든 학설은 현사회를 관찰하면서 그 사람의 위치와 환경을 생각하면서 판단하는 것이 현명하다고 著者는 생각하고 있읍니다.

대체로 女性의 눈이 심하게 出眼되는 것은 甲狀腺홀몬의 分泌에 관계가 있으며 思春期에 性的으로 익어오면 甲狀線이 發達하여 목이 커지게 되며 그 度가 지나치면 또한 눈이 돌출하게 되는 수 있다. 그러나 운명은 그대로 변화되는 것을 잊어서는 아니된다.

여자의 눈이 둥글고 튀어나온 사람은 結婚한 남편과 百年을 해로할 수 없으며 있다하더라도 풍파와 격동을 심하게 만나게 되리라.

남성의 경우 圓眼에다 出眼이면 相學에서는 藝能관계나 또는 技術職이 大吉하며 공직등은 다음으로 순서가 되는 것입니다. 특히 손끝에 재주가 있으며 성격도 快活합니다. 많은 사람들에게서 대범한 사람이라고 말을 듣지만 성격에 결합이 있어서 생각하는 것이 간단하게 냉정하게 판단하는 것이 특징이며 호언장담과 거짓이 많은 경우도 있어서 매사를 간단하게 쉽게 얼렁뚱땅하는 식으로 처세를 끝맺는다. 운명적으로는 中年에 財產을 탕진해 버리는 相이며 전연 저축정신이 없는 사람이다.

※ 角眼이란 것이 있다.

角眼이란=三角形으로 보이는 것인데 女性은 生理期에 狂人이 된다. 각안은 上은 直線으로이며 下瞼은 角이 있으면서 三角型으로 되는 것입니다.

남성의 角眼일 때는 多辯이고 言論界에서 최적당 한 사람입니다.

女性의 경우 生理期가 되면 異常心理狀態가 되기 쉬우며 때로는 미친듯이 錯亂하여 他人을 殺

害하는 수도 있고 하여야 할 것입니다. 옛날에는 이 三角眼의 婦人은 性的으로 異常하여 男便을 剋하게 될지도 모릅니다. 性的인 異常이란 어떠한 異常인가 하면 嫉妬로서 半狂亂되는 것이 이와같은 眼相의 女性에 많다고 하며 感情家이며 꽁하는 타입일 것입니다. 即性器 그 自體에 缺陷이 있는 것은 아니고 所謂「惡女의 깊은 同情心」의 인 情의 사람일 것입니다.

三角眼에서는 決코 美貌의 出生이라고는 할 수 없을 것입니다.

또 奧眼 또는 金眼이라 하여 眼口가 쑥 들어간 사람은 外國人에게서 잘 볼 수 있읍니다.

이것은 깊이 쑥들어간 얼굴이라 하여 文學的으로 表現하면 과연 好男子이며 良相이라 생각되기 싫습니다마는 實際는 東洋人의 風貌로서는 良口는 아닙니다.

奧眼이 되는 것은 當然히 眉丘(眉가 나 있는 部分)가 隆起하고 田宅(眉와 눈 사이)이 좁고 살붙음도 얕아 지극히 神經的이며 氣小하여 무엇이든 차곡차곡 自己 自身이 하지 않으면 직성이 풀리지 않은 堅實家의 眼相입니다. 他人을 믿을 수 없는 性分입니다. 男性에서는 K氏 女性에서는 E氏가 이눈을 하고 있읍니다. E氏 K氏의 두분도 어느쪽이냐 하면 田宅의 살가풀이 없은 깊숙한 눈입니다. 문화방송국에 있는 분입니다.

이와같은 眼相은 다시「眉」章에서 記述하는 바와 같이 父母의 유산을 지닐수 없다. 심한 奧眼은 아니고 단지 田宅이 좁은 사람――K氏 E氏와 같은 경우는 兩親의 窮乏時代에 出生한 사람이라 相學에서는 보고 있읍니다. 양쪽다 性味는 대단히 격한 出生者며 男女를 不問하고 지기를 싫어 한다. 特히 女性의 경우는 섹스에 빠질 性向이 있으므로 自重이 必要합니다.

※ 三白眼의 男性은 妻運의 緣이 박하다.

三白眼이란 눈이 있읍니다.

지금의 젊은 사람에게는 들어 보지 못하는 말입니다마는 晴이 上瞼쪽으로 올라 간듯하여 白이 瞳의 左右와 下의 三方에 있기 때문에 「三白眼」이라 부른다. 사람을 꼬나 보면 이같은 眼이 됩니다 뿌로마이드를 보시면 잘 알수 있읍니다마는 내가 알고 있는 O氏가 이 三角眼 입니다.

이는 氣品이 있고 고집이 대단하며 적지 않게 出世는 하지만 妻子의 緣이 적고 中年에는 몸을 破하고 財를 없애는 일이 있읍니다.

또한 잘난체 하고 뻐기는 性格 때문에 옛 相書에는 「三白眼에 劍難있다」라고 記述되어 있다.

그리고 三白眼에도 「上三白」이라 하여 晴이 안정된 눈──윗쪽이 白이다──은 蛇眼이라고도 하며 性格은 대단히 陰險하고 盜癖이 있는 犯罪型. 보통때는 말이 없고 조용한듯 합니다마는 自己의 利害에 關係가 있으면 단연코 本性을 드러내어 어떠한 나쁜일이든 하고야 마는 危險人物입니다. 또한 下三白은 뻐기지만 義를 重히 여기고 事物에 對하여 意地를 세우려 합니다. 故로 中年에 財를 破하지만 上三白은 蛇眼인 고로 執念이 강하고 善惡의 判斷을 하지 않고 어디까지나 利害에 따라서 行動을 하는 人物입니다.

또한 이것은 흔하지는 않지만 四白眼이라 말하는 눈이 있읍니다. 연예인들의 눈을 테레비等에서 보시며는 알수 있읍니다마는 흰자국이 많은 눈은 눈동자가 클뿐만 아니라 白이 넓습니다. 晴의 四方에 白이 있읍니다.

이를 四白眼이라 합니다.

이눈은 만약 男性이면 大惡無道 主人을 死(죽임)하는 것도 예사로 할수 있는 매서운 眼相이며 亂心者의 눈입니다마는 女性의 경우는 難産의 相이라 하고 또 胸部疾患(主로・肺結核)의 걱정이 있다고 합니다. 거기에다 中年이 되면 情痴關係의 갈등으로 인하여 몸을 破하는 수도 있읍니다.

그리고 男女 共히 이눈은 夫婦運이 좋지 않기 때문에 자연히 心身의 안정이 되지 않기 苦心이 그치지 않습니다. 男性이 妻緣의 혜택을 받게 되면 自身이 惡病의 고통을 받게 되어 어느 쪽이든 損害를 보는 相입니다. 貴女의 戀人이 만약 이눈의 男性이라면 結婚을 하지 않은 것이 上策일 것입니다.

女性의 경우 一般的으로 骨盤이 좁습니다마는 만약 顎이 擴張되어 있으면 (顎의 章에서 說明함과 같이) 骨盤은 넓기 때문에 難産의 걱정은 일단 없읍니다. 그러나 男便運이 나쁜것에는 變함이 없으며 美男이라 할지라도 病弱한 男性이거나 犯罪에 關係하는 男子를 선택하는 격이 되기 때문에 中年에 困窮하게 마련입니다. 유감 스러운 運勢입니다.

우선 눈은 普通 사람과 같이 左右의 白만이 보이는 二白眼이 바람직합니다.

※ 눈이 맑은 女性은 히스테리이다.

白(흰자욱)은 原來 淡黃色이어야 하며 이것만은 人種에 따르는 差는 없읍니다. 碧眼의 外國人의 경우 눈이 靑한것은 晴 때문이며 白은 엷은 黃色으로 되어 있읍니다.

이 白眼이 薄黑色으로 濁하고 불길한 점이 나타나는 적이 있읍니다. 心勞가 눈을 탁하게 만드는 격이 됩니다. 이런때는 대체로 怒興眼頭에서 白의 위에 三角形으로 나타나 있는 白膜도 붉게 充血하고 있읍니다. 이러한 때는 運勢가 不調하며 아무리 조급해 해도 잘되지 않습니다. 서둘지 말고 白이 常色이 될때 까지 기다려야 합니다.

또한 같은 淡黃色이라 할지라도 白眼이 밝지 못하고 붉게 탁하게 되는 것은 섹스 過剩으로 보아도 無妨할 것입니다. 筆者가 仲媒人을 한 어느 夫婦가 新婚生活에서 約 一個月後 같이 인사를 하러 왔읍니다만 보고 놀랐읍니다. 맑고 靑味가 있었든 新婦의 雙眸가 심하게 赤濁해 있읍니다. 나이에 大體로 新婚때는 新郎쪽이 以外로아 무렁지도 않은 것입니다. 比하여 정말 이때의 新婦는 性戱의 巧者로 新婦를 매일 밤 攻略해 失神시켰을 것입니다. 아무튼 「그것을 좀 건신하시오」라고 그에게 말할 수도 없고 하여 지나치게 하게 되면 나중에는 農담조로 注意를 주었읍니다마는 과연 半年쯤 뒤 流強要를 받게 되어 困難하게 될 것이다

産으로 인하여 그녀는 發病하였읍니다. 戰後 强하게 된 것은 女性과 양말이라고 합니다마는 이런 强한 사람도 있었든 것입니다. 탐이 난다 할가 미안하다고나 할까 하여 몇번 不得已 그녀를 病院으로 문병한 일을 기억하고 있읍니다.

이상은 여담이고 逆으로 白에 靑味가 나타나 있는 것은 原來 女性에게서만 볼수 있으며 男性에게는 없읍니다. 이것은 (白眼이 靑味가 나는것) 生殖器의 發育不全을 나타내는 것입니다. 淸純하고 病弱하며 多感한 少女일수록 진한 靑色의 白眼인 것입니다. 男性으로서는 그녀의 눈이 곱고 맑아 淸潔하게 느껴저 好感을 갖게 됩니다마는 實은 未成熟의 靑味이기에 果實과 같은 것입니다. 그리고 二十歲가 지나서 白에 靑味가 靑味가 있는 女性은 陰毛가 엷고 히스테리症이라 보아도 무방합니다. 癎昂하며 酸味가 있어 滿足스럽게 男性을 받아드릴 狀態(心身共히)가 되지 못합니다.

이런 것에 조급하게 손을 내밀게 되면 찔찔 울거나 아프다고 悲鳴을 지르거나 시집도 못가게 되었다 하며 원한을 받게 되는등 좋지 않읍니다.

果實은 붉게 익어 그쪽에서 떠러저 오는 것을 기다려야 원칙일 것입니다.

※ **茶眼의 女性은 박정하다.**

白이 茶色으로 마치 茶잎 같이 濁한 男性은 女子의 원한을 사고 있는 증거라고 觀相術에서는 말하고 있읍니다. 占術에서 맞아도 八卦는 안 맞아도 八卦라 합니다마는 그를 포옹하여 서로의 얼굴을 近接시킬때 漠然하게 (美男이다 그는)하며 반해버리지 말고 白을 注視하여야 합니다. 茶色 같으면 他女性關係가 있다고 보아도 무방할 것입니다. 그리고 睛와 睛의 윤곽이 混濁하여 分明치 않은 男性은 一生 별 볼일 없는 不運의 男相이기 때문에 結婚은 잘 생각해야 합니다.

또 俗談에 茶色眼이라 하여 睛이 褐色인 그라며는 (日本人은 全般的으로 茶色系입니다 마는 보통은 茶色으로 보입니다. 그것이 特히 褐色의 縞目이 있으면 茶色눈으로 보인다). 이러한 것은 大端히 殘忍한 性格이며 잘 말하면 대범한 男子겠지만 誠意가 없고 謀略家입니다. 自己에게 不利한 女性으로 알게 되며는 지난밤의 甘味로운 말과는 反對로 冷情하게도 貴女와 헤여저 갈 것입니다. 一時的인 相對라면 모르지만 將來를 마낄 수 있는 男性은 못 됩니다.

한편 女性으로서 睛에 褐色이 있는 것은 태여나면서 淫婦입니다. 情이 있는 것 같지마는 根本은 박정한 女子입니다. 그리고 어찌된 일인지 圓眼의 女性에게서 많이 이 相을 볼수 있읍니다.

또 睛이나 瞳의 色에 關係없이 瞳孔이 적은 사람은 意志가 強하고 志操堅固하며 돌다리도 두들겨 보며 건너는 堅實主義者입니다.

이에 反하여 瞳孔이 큰 사람은 感情家이며 때때로 無計劃한 경솔한 일을 합니다. 判斷은 銳敏하지만 忍耐力이 결여되어 있읍니다. 사람은 누구나 입을 다무는 것을 좋다고 합니다. 意志強한 사람이 될랴며는 되도록이면 입을 다무는 習慣을 만들어야 합니다. 意志散漫하고 瞳孔이 큰 사람은 良運을 맞이한다고 합니다.

※ 睫毛가 긴 女性은 性器가 未成熟하다.

眼相을 말하는 차제에 睫毛에 對하여 말하겠읍니다. 이틀이 길고 黑黑한 女性은 대단히 매혹적입니다만 白이 靑하고 澄한 것과 같이 腺病質이라 身體는 나면서 부터 弱한 것 같습니다. 때때로 性器도 未成熟합니다. 그러나 精神面에 있어서는 지나치게 成熟되어 있는 골치 아픈 타잎이라 하겠읍니다.

그리고 이틀이 거의 없는 사람은 性格이 교활합니다. 재주는 뛰어나지마는 교활합니다. 그리고 특히 注意하지 않으면는 않되는 것은 女性이며 이틀이 없는 사람――이것은 子孫에게 劣性遺傳을 하기 때문에 不具奇形의 아이를 出生하는 率이 높다고 합니다.

睫毛가 많은 사람은 손재주가 있읍니다. 자수 生花 피아니스트 藝能으로 立身하는 女性은 睫毛가 긴 사람에게 많다고 보는 것이 원칙일 것입니다.

더욱이 마작이나 카드 노리를 할때 빈번하게 손가락으로 眼頭를 비비고 있을 무렵에는 끝빨이 없읍니다. 왜그런지 눈이 이상하게 되면 나쁜끝빨이 나올 前兆라고 어느 역학자는 말하고 있읍니다. 이것은「財를 散할때 睫毛가 눈에 逆한다」라고 相學에도 있어 영터리는 않인 것 같습니다.

마작할때 빈번하게 눈을 비비는 相對가 있으며는 저사람은 따지 못할 것이라 判斷하여도 무방할 것입니다. 데이트를 할 때도 고려 합니다. 그(또는 그녀)가 먼지가 드러간 듯이 눈을 걱정하고 있을 때는 마음속에서 생각하고 있는 것과 進展되는 狀況과는 거리가 먼 증거이며 그러한 運命의 눈이 나타나 있는 것이므로 계속 밀고 가든가 헤여지든가의 어느 한쪽을 택하는 것이 좋을 것입니다. 어느쪽이든 당신이 생각하는 方向으로 이날에 限하여 事態는 進展될 것입니다. 이상하다 할 것입니다

※ 二重瞼의 **男性은 女子로 인하여 실패한다。**

흔히 말하는 二重瞼이란 二皮瞼이라고도 하고 周知하는 바와 같이 上瞼이 二重으로 되어 있는 눈을 말하며 女性은 이것이 있으므로 눈이 사랑스럽고 근사하게 보이기 때문에 藝能人 等은 整形하여 二重으로 만들고 있읍니다. 잘 注意하여 보면 二重瞼에도 주름이 眼頭에서 하나로 되여 있는 것과 떠러저 있는 것과 같이 두가지의 二重瞼이 있으며 相學에서는 正妻의 눈 妾의 눈으로 區別하여 보고 있읍니다. 정처의 눈 커풀이 弱하며 雙커풀은 妾의 눈이다. 整形術이 進步 普及된 現在는 一律的으로 斷定할 수 없읍니다마는 옛날(나면서 부터 二重瞼)에는 이와같이 判斷하였든 것입니다.

二重의 주름이 眼頭에서 분명하게 갈려 있는 女性은 貞操觀念이 없다。 淫婦에 이러한 二重瞼이 많다고 하기 때문에 二重瞼에서「두 皮膚가 떠러저 있다。(주름이 眼頭에서 **떨어져 있다**。이런

女子를 妻로 삼지 마라.」라고도 말 하였읍니다. 그래서 正妻 二號의 區別이 생겼을 것입니다. 男性에서 瞼이 二重 三重으로 되여 있으면 女難型입니다. 女子가 많이 따르기 때문에 조난하는 眼相입니다.

※ 近視의 女性은 좀처럼 흥분하지 않는다.

上瞼에 세줄 정도 옆으로 줄이 있는 사람이 있읍니다. 主로 老人입니다마는 이줄이 젊어서 부터 있는 사람은 橫死의 相입니다.

性格的으로도 대단히 조급하고 短氣이며 방에서는 죽지 않고 悲壯의 最後를 하게 됩니다. 現在 라면 交通事故에 좌우하는 眼相이라 하겠읍니다.

餘談입니다만 近視의 女性은 性器의 發育이 좋지 않다고 옛날에는 말 하였읍니다. 現在에는 適用되지 않은 說입니다마는 수궁이 가는 듯합니다.

近視가 되는 것은 出生하면서 부터 이거나 아니면 他理由에 依하겠읍니다마는 近視가 되면 事物을 볼때 自然히 눈에 힘을 주게 된다. 神經을 集中합니다. 그分만큼 性感帶에 神經의 配分이 粗略하게 된다. 即性感이 希薄해지게 마련입니다. 男性의 손으로 몸을 만지게 하여도 흥분 하기 어렵다는 것입니다. 確實히 女性이 섹스에 沒入하게 되면 自然히 눈을 감습니다. 視神經과 性感에는 무언가 關係가 있는 것 같습니다.

近視眼은 眼球가 튀어 나와 있는 것으로서 當然히 上瞼이 패어지게 되며 三本線이 생길만한 여유는 없을 것입니다. 따라서 逆說的으로는 三本線이 있는 瞼의 女性은 近視가 아니며 性器의 發達이 지연되는 일이 없읍니다. 오히려 性器의 成熟은 充分할 것입니다. 그러한 意味라면 (橫死는 곤란하지만) 男性에 있어서 意外로 貴重한 女性일지도 모르겠읍니다.

※ **涙堂의 부피가 없는 女性은 夫運이 나쁘다.**

눈밑의 半丹形의 部分을 涙堂이라 합니다. 眼圓의 下半分에 해당됩니다. 이 涙堂이 부은 듯이 부풀어 있는 女性이 있읍니다. 大體로 大部分의 女性은 이곳이 부풀어 있게 마련입니다. 特히 부풀어 보이는 女性은 섹스의 欲求가 强하다. 개중에는 涙堂을 갖지 않은 눈의 女性도 있읍니다마는 이것은 男運이 좋지 않은 相입니다.

涙堂은 自律神經中樞가 分布하고 있는 곳이며 賢臟과 密接한 關係가 있으며 이곳을 조금 바늘로 쑤셔도 尿에 蛋白이 나오는 정도이며 急性賢臟炎을 人爲的으로 만들라며는 涙堂을 쑤시면 됩니다.

戰前 徵兵檢査에서 軍隊에 가기 싫은 어느 學生이 檢査前에 이곳을 질러 賢臟炎의 診斷을 받고 용하게 不合格이 되었다는 이야기를 들은 적이 있읍니다.

그것은 고사하고 涙堂은 이와같이 賢臟과 깊은 關係가 있는 것이며 이곳에 살이 풍부한 사람은

男女 不問하고 精力旺盛합니다. A氏의 경우 眼이 가늘 정도로 淚堂이 부풀어 있어 과연 精力旺盛이라 생각됩니다.

한편 이에 反하여 淚堂에 부피가 없읍니다. 이것은 結婚에 失敗하는 婦人에게 많은 眼相입니다 次弟에 말합니다마는 누구나 나이가 들면 男女不問하고 淚堂은 처저 내려가게 마련 입니다. 그러나 淚堂의 부피가 없는 사람이 젊어서부터 眼下 全體에 丹形으로 살이 있는 婦人을 볼수 있읍니다. 매맞은 듯이 부어서 眼下의 살이 半丹形으로 부어 있읍니다. H氏가 이 眼相 같습니다마는 原來 이와같은 眼相은 結婚生活에 들어 가면 대단히 쓸쓸한 生活을 하는 運命의 所有者임으로 男便의 사랑을 充分히 받지 못하며 子息에게 (子息이 成長하면 父母子息間의 情愛가 엷어저) 떨어저 살게 됩니다. A氏의 將來를 決코 不幸하게 豫言할 생각은 없읍니다마는 그러한 그녀는 眼相임으로 장래 그 男便間에 태어나는 子息은 男便쪽으로 引渡되지 않을까 합니다.

아무튼 이 眼相 ──O氏의 下瞼에도 이 傾向은 多分히 보이는 것 같습니다──男便과의 家庭生活에는 혜택을 받지 못하는 쓸쓸한 相입니다.

淚堂學은 人相學에서는 陰德部라 하여 이곳이 부풀어 있고 피부색이 좋은 사람은 陰德을 積德하고 있다고 보고 있읍니다. 모쪼록 陰德을 積德하려면는 마음씨가 좋고 同情心이 많은 사람이 아니면 않되기 때문에 淚堂이 풍부하고 색갈이 좋은 사람은 逆으로 마음씨도 아름답다고 할수 있읍니다.

그러나 欲心에 눈이 어둡고 色情에 빠지게 되면 (淚堂에 가령 부품이 있다 할지라도) 차차 색같이 나빠저 검게되어 올 것입니다. 거기다 房事過度를 계속하여 淚堂의 살이 느러저 오면 男子의 경우 運命的으로 部下로 부터 離反되어 버린다. 情事가 지나처 정떨어저서가 아니고 部下로 부터 존경을 받고 있어도 運命的으로 그러 합니다. 男性에 限하지 않고 婦人의 경우도 이는 通用됩니다.

※ 眼下에 혹(점)이 있으면 乳房에도 그것이 있다.

우리들 男性에게는 생각지도 못하는 일입니다마는 女性의 눈과 乳房 그리고 生殖器에는 相關關係가 있읍니다. 눈과 눈사이가 넓은 女性은 乳房과 乳房사이도 넓다고 相學에서는 말하고 있읍니다.

그리고 女性의 生殖器에 故障이 나면 젖이 잘 나오지 않으며 눈이 나빠진다고 합니다. 눈은 生殖器官에 重大한 關聯이 있다고 합니다. 눈밑에 점이 있는 사람은 大體로 乳房에도 점이 있다.

一說에는 눈밑(淚堂)의 점은 子息때문에 苦生하는 相이라 말함으로 乳房附近에 점이 있는 女性은 子息을 養育함에 있어서 愼重해야 합니다.

그리고 눈밑의 점은 男性에게도 適用되는 것으로서 例컨대 父親의 左眼下에 이 點이 있으면 長男때문에 걱정이 끝일 날이 없읍니다. 左眼 끝쪽 밑에 있으면 막내 男子의 걱정거리 입니다. 入

學에서 苦痛을 받는다 든가 就職때문에 苦役을 치루워야 합니다.

그리고 이點이 右眼下에 있으며는 女息의 연담이 어렵고 病弱하거나 正式結婚하지도 않고 아이(即 私生兒)를 出生하는등 苦生이 끝이지 않을 것입니다. 이 點과 눈의 關係는 母親의 경우도 同一하며 例컨대 右眼끝 밑에 點이 있으며는 딸중 제일 밑의 딸과의 緣이 薄弱할 것입니다. 右眼끝의 밑에 點이 있으며는 女子 아해중에서 제일 맏이 即 長女때문에 苦生을 하게 됩니다.

※ **魚尾가 치켜저 있는 女性은 男便을 깔아 뭉갠다.**

눈끝을 相學에서는 魚尾라합니다. 이 魚尾가 위로 치켜저 있는가 아래로 처저 있는가에 따라서 性格은 대단히 相違하게 된다. 魚尾가 치켜저 있는 것은 男性的이다. 女優는 魚尾가 치켜저 있다. 그래서 女子이지만 男子役도 잘 할수 있읍니다.

魚尾가 처진것은 女性的이지만 女性이 魚尾가 치켜저 있는 사람은 我가 強하고 故를 만들기 쉽다. 너무나도 自己主張을 하기 때문에 他人의 미움을 받습니다.

作家인 金女史는 이 魚尾가 치켜 붙은 사람이였읍니다. 일을 大端히 熱心히 한 것이 되려 화가 되었든 것입니다. 그러나 魚尾가 치켜 붙은 사람은 運이 좋으며 멀지 않아 金女史는 再登場하리라 生覺됩니다. 魚尾가 치켜 올라가 있고 코뼈가 웃둑한 사람은 晩年 孤獨하게 되는 相입니다.

이러한 사람은 男女를 不問하고 너무 지나치게 나를 내 세우지 않게 하여야 합니다.

누구를 指稱 하는 것은 아닙니다 그러나 女子는 눈끝이 바르거나 조금 밑으로 처저 있는 듯한 것이 좋습니다. 치켜져 있는 것은 見識이 높고 男便을 깔아 뭉게고도 예사로이 있을수 있는 型입니다. 눈끝이 처지는 것은 男女 共히 受動的 消極的인 性向의 表現이며 너무 지나치게 처진 사람은 節度가 없으며 男子는 일에 熱을 올리지 않고 女子놀이에만 熱心합니다. 言動도 스스로 손이지만 女子에게는 손이 빠른 型입니다.

또 魚尾의 위에서 덮어 씨운듯이 소복한 男性은 表面 紳士然 하지만 實은 女子를 좋아 합니다. 重役 타입에 이 瞼의 살이 原하고 魚尾가 축 처저 있는 듯한 사람이 많다. (이 眼相에 對하여는 次項에서 상세히 說明 드립니다).

여기서 片眼의 사람에 對하여 說明 합니다. 所謂 獨眼龍은 左右 어느쪽이든 눈을 失明하고 있는 것으로서 多少 性格은 相違 하지만 뱁새 눈을 가진 사람은 男女를 不問하고 强情입니다. 特히 男性이 右眼이 失明되고 左眼뿐이라며는 대단히 强情하여 죽어도 말을 듣지 않습니다. 어쨌든 獨眼龍은 强情이 대단하여 他人이 親切하게 말하여도 素直하게 듣지 않습니다. 多少는 삐뚜러진 것도 있겠읍니다 마는 한쪽눈을 失明하게 되며는 그러한 性格이 되어 버립니다.

그리고 혼이 左右에 눈중 어느 한쪽이 큰사람이 있읍니다. 보면 잘 알수 있읍니다.

이것 또한 獨眼과 마찬가지로 獨情者입니다. 獨眼과 相違한 點은 女性에 弱하다. 特히 右眼쪽이 큰 男性은 妻에게도 弱하고 모든 女性에게 弱하다. 大體로 左右눈에 極端的인 大小가 있는 것은 夫婦사이가 좋지 않은 兩親의 아이입니다. 性格이 맞지 않거나 其他 理由로서 어느 한쪽의 愛情이 식어져 있으면서 厚情으로 夫婦關係를 持續하여 姙娠한 子息입니다.

옛날에는 多少 愛情이 없어도 女性쪽에서는 離婚을 發說 안하였읍니다. 밤의 서비스에는 關係없이 姙娠하는 경우가 많다. 男子쪽은 婦人이 싫으면 밖에서 外道를 합니다. 그래서 夫婦사이가 나빠도 女子쪽에서 男便을 싫어 하면서 억지로 姙娠하는 케이스가 많다. 그러한 兩親사이에서 나의 눈에 大小가 있는 子息을 出生하였다고 하며는 女子에게 弱한 것을 말하자면 아버지의 心理的인 유전인지도 모를일 입니다. 强情하고 인정에 악화되는 것도 그러한 兩親의 콤푸렉스가 先天的으로 이어 받았다고도 할 수 있읍니다.

只今의 女性이 强하고 男便을 싫어한다면 女子쪽에서 깨끗하게 離婚해버리게 될 것이므로 左右의 눈의 크기가 틀리는 子息은 차차 出生안하게 될 것이다.

※ **目尾에 주름이 많은 男性은 베니스가 짧다.**

웃으면 魚尾(눈끝)에 주름이 잡히는 사람은 外道者라고 相學에서 말하고 있읍니다. 어느정도 이것은 정말입니다.

163

原來 魚尾의 주름은 젊을 때는 눈꼬리에 줄이 上下 二개 있는 것이 普通이며 그것이 三五六 세부터 三개가 되고 以後 나이가 더해 갈수록 亂紋이 됩니다.

그것이 三十 未滿에 魚尾가 亂調한 사람은 虛弱하고 短命이라 합니다. 또하나 젊고 亂紋 있는 사람은 大端한 淫奔者라 말하고 있으므로 아마도 그것을 지나치게 하여 命을 단축시키지 않을까 합니다.

反對로 늙어도 魚尾에 주름이 없는 老人을 볼수 있읍니다. 이것 또한 대단한 好色家이며 죽을 때까지 淫亂을 계속합니다.

그리고 中年을 지나도 魚尾의 주름이 四個가 되지 않고 二個 뿐인 사람은 性格이 强합니다. 多情 如何는 無關係이며 나이가 더해 갈수록 貧困 孤獨하게 될 危險이 있읍니다.

이미 前項에도 記述하였읍니다마는 魚尾의 上位에 살(肉)이 소복이 붙어 덮일듯이 되어서 魚尾의 線이 一個로 되어 있는 사람은 外見은 品行方正한 듯 하지마는 內面은 대단히 女子를 좋아 합니다. 속담에 魚○의 一個線은 「妻緣 한번으로는 不足하다」고 합니다.

그리고 하나의 선이 있는 男性은 베너스의 사이스가 길다. 따라서 外道者(魚尾에 주름이 많은 사람)은 이외로 긴 베너스를 가지고 있지 않다고 말할 수 있읍니다.

그리고 女性은 魚尾의 살(肉)이 소복한 사람은 대체로 없으며 一個線도 볼수 없읍니다. 이러한 것은 男性에게 나오는 相입니다.

老婆가 눈끝이 一本線으로 처져 있는 것은 이미 女性의 機能을 이저버려 中性化된 表證입니다

※ 魚尾에 點이 있는 女性은 年下의 男子를 사랑한다.

눈과 코뿌리 中間에 點이 있는 女性은 相法에 依하면 貞操를 지키지 못하는 相입니다. 男便 以外의 男性을 좋아하여 반드시 姦通합니다. 이것은 貴賤貧富에 不問하고 他人과 姦하는 必然의 運命을 지닌 婦人이며 엇더한 美人 貞操堅固한 사람이라 할지라도 이 運命을 避할 수는 없읍니다.

이點은 女性의 右眼頭에 있든 左에 있든 同一하며 단지 右點의 경우는 自發적으로 姦通합니다. 強姦 當하는 것입니다.

左에 있는 사람은 他動的이여서 男子로부터 強要를 받어서 그렇게 되어 버리는 相입니다.

또한 이點이 男性에게 있을 경우는 남의 妻를 좋아하며 스스로 구하여 남의 妻와의 情事를 平生에 몇번 가지게 될 것입니다.

그리고 같은 點이라도 魚尾(눈끝)에 있는 사람은 好色家이며 男性의 左눈끝에 이것이 있으며 自發的으로 色漢이 되고 右側에 있으며는 「上官」이라 하여 女性이 좋아하여 그녀를 포옹하게 됩니다.

女性은 이反對이며 右에 있으며는 婚期가 되며는 仲介를 기다리지 않고 自由結婚하며 그리고

이 結婚에는 반드시 失敗한다. 理由 不問하고 夫婦사이가 버러지는 事情이 생겨오는 相입니다.

淫相學에서는 이러한 눈끝의 點을 色難 多情의 相이라 하고 있읍니다.

또 이러한 點이 눈끝에서 머리가락이 있는 곳으로 있으면 숨겨진 運命이라 하며 所謂 年下의 男性을 좋아 합니다. 이 경우 點이 左右 어느쪽에 있든 그러 합니다. 眉毛付近에 點이 있는 女性도 숨겨둔 男子를 갖는다는 說도 있으며 엇쨋든 眉目의 周圍에서 이마에 이르기까지 點이 있는 女性은 화냥기가 있다고 할 것입니다.

※ 눈언저리가 고운 女性은 戀愛경쟁에 진다.

눈은 상상 以外로 專門的으로는 상당히 세밀한 鑑定法이 있으며 白을 지나는 血管의 붉은 줄, 怒肉 瞳孔의 擴散等으로도 運勢 死相 性格 色情의 强弱等을 判斷합니다.

그래서 「三眼六神法」「眼幅十二相 秘傳」「瞳孔十二宮」 等의 觀相法이 옛부터 傳來되어 있읍니다마는 實際로 이것은 그러한 眼相의 사람을 登場시키든가 具體例를 提示하지 않으면 文章만으로 說明하게 되면 알기 어려우며 오히려 煩雜하게 될 念慮때문에 省略하였읍니다.

그러나 例컨대 어떻게 눈의 어디를 보고 判斷할 것인가는 관상학비법에서 저술하겠읍니다.

相을 볼때 같은 눈이라 말 하여도 嚴密하게는 上瞼의 眼頭 가까이가 처저 있거나 눈끝이 위로 치켜 붙어 있거나 眼頭 아래서 淚堂이 부풀어 있거나 하는 것으로서 各其 運命의 變化가 숨겨저 있는 것입니다.

이 눈을 가진 사람은 相當히 있읍니다.

이러한 눈은 性的享樂을 대단히 追求하는 마음이 强한 眼相이며 多淫하여 男便이 性的으로 또는 金錢的으로 充分한 滿足을 주지 않으면는 딴 男性에게 넘어가게 됩니다. 眼相에서는 물장사의 女性(호스테스)에게 이러한 相을 가진 사람이 많이 있읍니다.

눈꼬리가 긴사람은 남의 心理를 잘 읽기 때문에 이눈의 男性은 女子 유혹에 뛰어나며 섹스面에 서도 相對가 滿足하고 있는가 않인가를 항상 觀察하여 對策을 강구하기 때문에 相對 女性은 한번 이러한 男性과 잠자리를 같이 하게 되며는 그를 잊어 버리지 못하게 됩니다.

色魔의 典型의 눈입니다.

有名人中에 이눈의 사람을 筆者는 알고 있읍니다마는 텔레비등 寫眞等에서 住意하여 보시게 되며는 讀者諸賢은 果然하며 아시게 될 것입니다.

눈꼬리가 두터운 사람은 性格的으로 버젓이 있고 고집이 센 눈입니다. 自己가 생각하는 것은 무엇이든 해내는 그러한 自信과 意欲이 있는 사람이며 고집쟁이의 眼相 입니다. 體力은 頑健하며 精力 또한 壯健 합니다.

女性도 이러한 눈의 所有者 며는 男子에게 지지 않으며 섹스面도 最上일 것입니다. 나쁘게 말하면 娼婦型이며 고집이 있다고 하겠으나 男子의 사랑을 항상 받고 物質的으로도 不自由가 없고

愛情面에서도 充分한 혜택을 받을 수 있는 대단한 幸運의 相입니다. 最近의 女性은 大體로 이곳을 검게 화장을 하여 눈꼬리 付近이 올라간 듯이 보이는 傾向이 있으나 寫眞을 보아서는 좀처럼 正確하게 판단할 수 없을 것이나 연구를 거듭하면 이해가 될 것입니다.

(7) 鼻(코)코를 보는 法

※ 여성의 코가 男便을 定한다.

코는 觀相術에서 大端히 重要 部分입니다.
文字로 女변에 鼻라고 쓰면 嬶로서이는 妻를 말하는 것입니다. 특히 女性의 코가 그러 합니다.
면 夫를) 表現하는 곳입니다. 알기쉽게 말하면 좋은 코가 얕은 흉한 女性을 妻座에 있어서도 彼女自身 異常이 있음을 意味한다. 따라서 코가 얕은 男便을 만날수 없으며 나아가 이 코는 男便의 運命도 支配하게 되며 男性이 좋은 相이라 할지라도 코가 못생긴 女性을 妻로 삼으면 그의 運은 半減한다고 相學에서는 말 합니다.

그만큼 女性의 코는 男性에게 있어서도 重要한 곳이며 有名한 저 징기스칸의 코가, 일센지만 얕앗다며는 世界의 歷史는 **변헸으리라.**고 말한 것은 이러한 意味에서 단순한 비유가 아닌라는 것을 알수 있읍니다. 確實히 女性의 코는 歷史를 變更시킬 정도의 힘을 간직하고 있는 것입니다.

코의 形態는 뉴감(아메리카 미시강大學 心理學敎授)의 「性格分析學」을 깃드릴 必要없이 原來 人種的인 氣候風土와는 不可缺의 關係가 있는 것입니다.

寒帶에 살고 있는 北歐人의 코는 높고 溫熱帶의 黑人의 코는 얕다. 自然環境에 順應한 容貌이며 寒帶에서는 冷한 空氣를 그대로 吸込하게 되면은 肺를 傷하게 하기 때문에 鼻孔을 通過 하는 사이에 덮어 주기 위하여 鼻孔 周圍의 살(肉)이 두툼하다. 當然히 코는 높아지게 마련이다

우리는 韓國 사람 입니다. 같은 氣候風土에 살면서도 코가 높은 사람 그렇지 않은 사람이 있읍 니다. 따라서 코의 觀相도 外國人과는 判途의 觀點에서 論하지 않으면은 아될 것입니다.

基本的으로 코는 傳面에서 보고 高低길이 (長)을 잽니다. 標準的으로 말하면 코의 길이는 얼굴 全體(머리 끝에서 턱 끝까지)의 三分의 一이 아니면 않된다. 높이는 길이의 약 二分의 一이 아니 면 않된다. 그러한 標準보다 길면을 「긴코」 얕으면은 「얕은코」라 말 합니다.

코는 相學的으로 코의 가장 얕은 部分 即 山根에서 順으로 知力 名譽心을 나타내는 部分 意志 力을 나타내는 部分 그리고 코끝의 愛情 自尊心을 나타내는 部分으로 各其 나눌수 있읍니다. 코 全體로서는 높이와 길이가 充分하고 살이 있고 코날이 바른것을 最上 입니다. 코는 原來 意 志 名譽心을 나타내는 곳이며 鼻相이 좋은 사람은 意志가 強하고 實行力이 풍부하고 特히 中年부 터의 運勢는 吉합니다.

鼻相을 보는 데는 이 외에 點 傷處의 有無 等도 重要한 判斷의 포인트가 됩니다. 당신의 코와 당신의 運命과의 關係 그 中에서 가장 신속하게 알수 있는 說 몇가지를 다음에 紹介 하겠읍니다.

※ 山根이 얕은 여자는 침실의 天才이다.

코는 두텁게 우뚝솟아야 좋은 것이다.

山根 即 眉와 眉間의 코가 次로 높아져 가는 뿌리에서 코의 三分의 一程度의 部分은 知力 名譽欲을 보는 곳이며 兒童의 코가 아직 具備되지 못하므로 大體로 兒童의 코는 이 體近이 未發達입니다. 兒童때 부터 이 山根이 發達되어 있으면은 따라서 대단히 名譽欲이 強한 兒童입니다. 成人이 되어도 이에 變함이 없으며 코대가 山根에서 發達된 사람 코등부터 높아진 사람은 頭腦明達 名譽心旺盛하며 社會에 나가서도 競技에 이겨 반드스 어떠한 名讚職을 획득할 수 있는 運勢를 가지고 있읍니다. 말하자면 頭領運의 相입니다.

그리고 山根이 極端적으로 높고 이마에서 直接코의 隆起가 생긴 사람이 있읍니다. 一種의 大鼻의코 눈과 눈사이에서 부터 정 三각형으로 우뚝 솟은 코는 이것이 男性이면 「美國女에게 장가 가는 相」이라 합니다. 이상하게도 的中하고 있는 男性이 많다. 그러나 한번 結婚만으로는 안되는 相이기도 하기 때문에 女性으로서는 이와같은 男性과 結婚하는 경우 또는 그가 再婚者이면 將來 圓滿하게 살수 있을지 모릅니다. 再婚이라면은 이 男性은 이미 別離의 運命을 經驗한 때문입니다.

大刑의 코와는 反對로 山根의 중간이 죽은 코의 男性은 名譽心 自尊心等이 全然 없는 나태者가 많습니다. 古來로 人相學에서는 「山根이 얕은 下賤의 相」이라 하여 一生 下層階級에서 헤어나지 못하는 鼻相 입니다.

만약 이것이 女性이면 强烈한 官能을 억제할 수 없어서 本能대로 이 男子 저 男子로 交代해 가면서 淫婦노릇을 하는 相입니다. 山根이 얕은 女性은 知性도 倫理感도 없기 때문입니다.

이런 이야기가 있읍니다.

호스테스 란 女性이 있었읍니다. 一流의 나이트 클럽에서 文壇의 老政治家 畵家 會社重役等 各界의 톱크라스의 知名人士가 醉態를 보이고 있는 곳에 있었읍니다.

양은 그다지 美人은 아니었지만 이러한 知名人의 총애를 받아 대단히 호사스러운 生活을 하고 있었읍니다. 이러한 일은 호스테스에 흔히 있는 일이어서 새삼 놀랄 필요는 없다고 할지 모르겠읍니다 마는 問題는 그녀의 素行입니다.

實로 몇몇 사람의 重役이나 유명 인사로부터 침실에서 사랑을 받았지만 相對 저명인사들은 社會的으로 名聲도 있고 그길의 道士이기도 하였으므로 内心은 질투를 하여도 그러한 눈치는 보이지 아니하였는지 모르겠읍니다. 때문에 「질투하지 않았다」고 하면은 거짓이 될 것입니다. 그러나 多少 여금 질투나 노여움 그리고 不滿等을 갖지 않게 되였든 것입니다. 男性 저명인사들은 그녀의 바람기를 눈치 첫어도 웃으며 넘겨버리고 適當한 용돈을 주었던 것 같습니다. 어떠한 때는 예사로 그女는 「지난밤 빠빠에게 나쁜짓을 하였읍니다」라고 바람을 피운듯한 말을 어물어물 하며 告白하였다고 합니다. 그러나 그러한 귀여운 여자의 처세의 짓이 나이가 들은 남자들에게는 귀여웠는지요?

어떠한 重役이 直接 筆者에게 述懷하였읍니다 마는 그녀는 섹스에서 絶頂感에 達할라치면 아빠 幸福합니다」고 悲鳴과 같이 헐덕이면서 외쳐 보통 絶頂感에 도달하게 된면 「살수 있을 것 같다」며 古來의 表現을 女性은 實吐합니다 마는 (特히 나이들은 인사의 體驗에 의하면) 젊은 M양이 「아빠 幸福하다」고한 말이 사랑스럽게 보였을 것입니다. 筆者가 外遊하였을 때 金髪의 女性이 그것을 表現하기를 「Now(지금)Now」이라고 絶叫하여 大感激을 한 기억이 있읍니다.

問題의 S양의 山根은 凹型입니다. 中國의 相書에는 「山根이 대단히 凹한 女子는 고향을 빨리 떠난다. 大部分은 十六 七세부터 二十세까지 떠나는 사람이 많다. 이女子는 多淫하다」라고 記述되어 있읍니다. S양은 山根이 대단히 凹하고 이마가 넓고 둥근 얼굴이며 턱이 나온듯한 氣味였읍니다. 턱項에서도 說明하겠읍니다만은 典型的인 夫婦의 相이라고 하겠다. 거기에다 코가 反圓式으로 上向을 하고 있어 이것 또한 淫婦의 特徵입니다.

일본에 마다 로이라는 외국 女優가 있었읍니다. 사진으로 그 사람의 코를 본 결과 그녀의 코는 양의 코와 닮았읍니다. 이러한 코의 男性은 男性에게는 사랑스러운 女子로 보이는 것 같았읍니다.

即 東西洋을 不問하고 실제로 사랑스럽게 보이는 女子는 大體로는 淫亂한 惡女입니다. 先天的인 淫婦라 말 할수 있을 것입니다. 「아빠 幸福하다」고 죽여주는 文句가 아무런 생각없이 입으로 나온다는 것은 정말 밴드의 天才라 할수 있을 것입니다. 重要한 일입니다만은 S양은 젊은 男子와 동침할 때에는 「幸福」이란 말을 안하고 있을 것입니다.

※ 山根에 엽줄이 있는 女性은 不感症이다.

山根에 出生하면서 부터 엽줄이 있는 男性이 있읍니다. 친우의 코가 그러 합니다. 氏가 再婚이라면 친우에게는 미안합니다만은 이 鼻相은 「淫奔하여 妻와 離婚한다」고 相書에 있읍니다. 이것은 山根에 點이나 니다만은 現在의 家庭이 만약 初婚이라면 婦人에게 잘 해 드려야 합니다. 상처가 있을 경우도 同一합니다.

一說에는 山根의 엽줄 點 상처等은 男性器의 고장을 나타낸다고 합니다. 그러므로 이렇한 男性은 充分한 性的인 快感을 얻을 수 없어 그것을 女性의 탓으로 돌려 자꾸 새로운 女子를 구하는 傾向이 강하다고 합니다. 한마디로 淫奔이라 하여도 어쩔 수 없는 理由가 있읍니다. 단지 誤解가 없기를 決코 氏가 그러하다는 것이 아닙니다. 어디까지나 通說입니다.

女性으로서 山根에 엽줄이 있는 사람은 「不感症이 있다」하여 따라서 그 夫婦生活은 圓滿하지 못합니다. 夫君은 努力을 아끼지 말아야 합니다.

또 山根에 點이나 상처가 있는 女性은 不運한 結婚을 하기 쉽습니다. 이러한 女性은 大體로 나면서 부터 胃弱합니다. 때문에 夫婦의 性的인 和合이 充分하지 못하므로 재미없는 結婚生活을 할 염려가 있다고 합니다. 男子의 경우와 같이 性器 그 自體에 欠陷이 있을지도 모르기 때문에 만약 마음에 걸리는 곳이 있으면은 專門醫의 診斷을 권유합니다.

※ **段鼻의 女性은 初婚에 破한다**

코 등중간이 튀여나온 사람을 말합니다.

코는 높고 살이 적당히 있는것을 吉祖이라 말 하였읍니다 마는 높은 코라할지라도 예컨대 山根의 중앙이 부운것 같이 코의 中心部에서 소복히 부은듯한 코가 있읍니다. 所謂 段鼻이며 意志를 나타내는 部分이 이와 같이 極端的으로 突出하고 있는 코를 가지는 사람은 文學 그대로 콧대가 세다. 意志强固 以上으로 말을내세우기만 하면 後退하지 않은 妥協性이 없는 고집장이 입니다. 女優의 K양의 코가 이것입니다. 天下의 美女가 코로 인하여 반드시 頭固하고 意志가 强固한 女性일 것입니다.

男性의 경우도 이것은 同一하며 段鼻의 男性은 實行力이 풍부하고 생각한것은 남이 아무리 忠告하여도 해내는 性格이며 고집불통이다. 그러나 기분파이며 中年에는 運命의 激變에 좌우합니다. 三十五六세 前後를 特히 注意하여야 합니다. 그렇지 않으면 破産을 할 相입니다.

그리고 女性의 경우 段鼻의 婦人은 中年에 男便과 死別하든가 男便이 妾살이를 하면서 家庭을 돌보지 않음을 염려가 있읍니다. 初婚에 破하기 쉬우며 再婚하는 사람이 많습니다. 男便이 大를 가지는 것은 妻의 지나치게 强한 性格이 原因이 되고 있다고도 생각할 수 있읍니다. 이러한 强한 女子 即 段鼻의 女性은 따라서 조용하고 소극적인 男性을 男便으로 선택하면 將來의 不幸을 未然

앞에서 말한 Y양의 夫君 作曲家인 T氏는 어떠한 사람인가하면 남앞에 잘 나타나지 않는 얌전한 男型입니다. 두 사람의 장래를 筆者는 安心하고 지켜볼 수 있다는 것입니다.

※ 코가 뾰죽한 男性은 재주가 있지마는 大成할 수 없다

코끝은 自尊心을 나타내는 곳입니다. 「코가 높다」라고 말하는것도 여기서 나온 말이라 생각됩니다. 코끝을 相學에서는 準頭라 합니다. 이 準頭의 살붙음이 좋고 둥글고 부픔한 사람은 名譽心이 强하고 따라서 財運도 좋습니다.

準頭가 가늘고 突出한 사람이 있읍니다. 이러한 코를 가진 사람은 名譽心도 强하지마는 재주가 있고 아이디어가 풍부합니다. 發明 發見의 天分이 있고 사람들이 깜짝 놀랄 수 있는 計劃을 많이 꾸며낼 수 있는 사람입니다.

그러나 運勢는 弱한 鼻相이기 때문에 大成은 바랄 수 없읍니다. 살붙음이 좋고 둥근 準頭와는 정반대 되는 點입니다.

解剖學者 핏겔은 코가 人間의 性格을 表現하는데 대하여 이렇게 말하고 있읍니다. 「코끝이 뾰죽한 사람은 재주는 있지마는 短氣이며 노하기를 잘하며 싸움도 잘한다」. 코끝이 뾰죽한 사람은 短氣이며 죽한 사람은 短氣이며 노하기를 잘하며 싸움도 잘한다」. 코끝이 뾰죽한 사람은 貧困하고 大成하지 못함은 이러한 短氣의 性格때문인지 모르겠읍니다.

또한 名譽心이 過하고 허영심 또한 이사람의 特點입니다. 이러한 사람이 혹시 나쁜것이 있어도 外見上으로 침착하고 못본듯이 항상 冷靜해지는 것이 좋다. 또한 亂雜한 곳을 他人에게 보이기 싫기 때문에 항상 비열을 지킵니다. 自尊心을 상하지 않기 위하여 神經을 항상 쓰고 있기 때문입니다.

※ 金甲이 팽창된 男性은 龜頭가 큽니다. (코구멍 옆에 살이 두꺼운가를 말함)

코 左右의 부품한 部分을 小鼻라 합니다. 적은코라 말하고 있듯이 小鼻는 그 사람의 鼻相의 特徵이 가장 잘 나타나는곳 입니다.

小鼻를 相學에서는 金甲이라고 이 金甲이 둥글고 넓은 사람은 生活意欲이 대단히 强합니다. 코 운도 旺盛합니다. 作家의 G氏가 이코를 하고있으며 中國相書에서는 G氏와 같은코를 「富貴의 相」이라하고 頭腦明敏하고 經濟觀念이 發達하고 있다고 합니다. 정말 G氏에게 맞는 말 입니다. 缺點을 말한다면 이 鼻相의 사람은 迷信的이며 强固執의 念慮에 두는 일일 것입니다. 거기에다 肉慾도 旺盛하고 性器도크다고 합니다. 이것만은 과연 缺點이 될지 모르겠읍니다. 한번 小鼻에 해당한 本人에게 意見을 듣고 싶습니다. 그리고 小鼻가 팽창한 男性의 베니스는 特히 龜頭가 훌륭하다고 합니다.

古書에도 「龜頭가 큰것은 玉珠라 하여 王者이다. 그 周圍 四寸(約 十五센지를 大上으로 한다」.」

라고 되여있고 **음경의** 길이와 크기(丹周)는 同等하다고 함으로 그가 **어떠한 음경의** 所有者인 가는 金甲의 周圍의 길이를 재서 二倍하면 大體로 答을 구할 수 있읍니다. 金甲의 길이란 코구멍 두개의 오른쪽끝에서 왼쪽끝까지 코밑을 재는것을 말합니다.

그러나 過大하면(코밑이 特別히 넓게 보이는 것) 「愚痴하고 천하다. 그리고 過大하면 身分 不 相應의 希望을 企圖한다」라고 하여 不吉의 **음경이라** 합니다. 적당한것이 좋다고 합니다. 또한 一 說에 依하면 목줄이 큰 男性은 베니스도 크고 頭蓋滑이 적은 사람은 龜頭 또한 적다고 합니다. 頭大하면 훌륭하다고 하며 「頭大하고 聲剛하면 龜頭大하다」이며 목소리가 큰 男性은 좋다고 합 니다.

G氏와는 反對로 좁은코의 사람이 있읍니다. 金甲의 팽창이 없고 全體的으로 살붙음이 적은 코 입니다.

作家의 S氏가 이 鼻相입니다. 이것은 까다롭고 神經質的인 사람의 코이며 呼吸器系의 病에 걸 리기 쉽다. 또한 집안 **親族綠이 없으며 子息綠도** 없다고 함으로 S氏는 앞의 「口」의 相과도 符合됨으로 晩年에는 孤獨하고 客死의 相이라 할것입니다. S氏 婦人께서는 注意하셔서 夫君을 잘 돌보아 드려야 하겠읍니다.

M氏 Y氏 等도 이 鼻相에 多少 符合되며 코날은 반듯하지만 肉이 弱하여 妻子綠이 弱한 相임으 로 兩氏의 自重을 바랄 뿐입니다(外道는 적당히 할것).

그리고 小鼻를 金甲이라하여 알게되듯이 小鼻의 살붙음이 좋은 사람은 돈에 연이있다. 即 貯蓄性 理財性이 發達되어 있읍니다. 앞의 G氏를 위시하여 H氏 A양 등과 같이 코옆에 살집이 좋은 사람은 細然히 잘 저축하고 있을 것입니다.

女性으로서 小鼻의 팽창이 없고 코끝에 살이 없는것은 會計를 잘 못한다. 그리고 虛榮心은 強합니다. 男性도 小鼻의 팽창이 없는 사람은 氣分派이며 돈이 手中에 들어오면 들어온만큼 써버린다. 同僚등과 한잔 하려가도 「좋다 좋다」하면서 氣分나는대로 써버린다. K양이 이타입 입니다.

따라서 이러한 男性은 아무리 벌어도 항상 궁색함을 면치못하게 됩니다. 코의 높이는 나면서부터이며 變하지도 않겠읍니다 마는 코끝의 살붙음 金甲의 살붙음에 따라 變합니다. 整形手術 隆鼻術도 實은 높이 보다 살붙음이나, 金甲의 팽창을 교정하는 것이 된다고 할 것입니다.

※ **生理中의 女性은 金甲이 붉다**

相學에서는 이것을 逆人形法이라 하여 女體의 푸로포숀 其他를 보는 參考로 합니다. 코는 同體에 해당됩니다. 金甲(小鼻)는 亂房입니다. 眉는 脚 法令)입 左右로 코에서 볼때 나타나 있는 線은 腕을 表現합니다. 俞明하듯이 金甲의 살붙음이 (코구멍옆에 살을 말함) 원래 女性은 바스트가 크다. 例를들면 歌手의 H氏 A氏 N양 탈렌트의 T양等이 그러합니다. 同一하게 金甲이 팽창되여 있어도 양과 같이 살붙음이 弱한것은 바스트가 적다. O양의 코도 體質的으로 커지지 않을 鼻相입니다. 어떠한 부라자나 밧드를 부착하여도 金甲의 살붙음을 보면는 바스트의 大小는 一目瞭然합니다. 여러성씨에 비유한 이유는 매일 볼수 있는 사람들에게서 연구하라는 뜻이됩니다.

그리고 女性이 生理期에 해당如否는 金甲에서 알수 있읍니다. 生理中의 女性은 金甲에 赤色이 있다고 합니다. 당신(男性)이 女子를 호텔에 유인하여 만약 그녀가 「今日에 그것이 있어서……」하고 거절하면 그리고 그녀의 金甲이 붉지않으면 그녀는 당신과는 자기 싫다. 거절하는 것이므로 그녀를 단념하여야 합니다.

또한 男性의 金甲이 크면 性器도 크다 마는 이것은 金甲이 男性의 페니스와 相關이 있기 때문입니다. 即 金甲이 큰 男性은 페니스도 크다. 따라서 金甲이 팽창된 男性의 一物도 크다고 할것입니다.

例컨대 歌手인 E君의 小鼻도 典型的인 라지사이스임으로 그는 코와 同一하게 훌륭한 페니스의 主人公일 것입니다. 그의 大活躍相을 보면 그가 普通以上의 活力家임은 確實합니다.

다음으로 金甲의 크기가 左右 相違한 사람이 있읍니다. 이러한 男性은 그 睪丸에도 大小가 있다고 합니다. 右側 金甲이 크면 右側의 睪丸이 크다 하겠읍니다(A씨 B씨등을 많이 넣은것은 말하기 쉽게한것이니 이해바람).

이外 金甲에 點이 있으며는 지갑에 구멍이 있는것과 같은 이치이며 不時의 損失을 자조하기 쉬우며 「승부에 손을 대지말라」라고 相書에서 가르치고 있읍니다. 이때 點이 짙을수록 逆으로 損害는 크다고 합니다.

그리고 金甲이 위로 말려 올라간듯한 코의 男性은(코구멍이 훤이 드려다 보이는것) 입으로는 相對의 기분을 잘 맞추어 줍니다마는 實은 社交的이며 배속은 高慢하고 虛榮心이 강하며 특수한 利己主義者입니다. 高利貸 詐欺人等에게서 흔히 볼 수 있는 타잎입니다.

※ 異常한 體位는 鼻柱를 曲하게 한다.

코의 높이에 關心을 가지는 사람은 많지마는 코날에는 無關心의 사람이 많다. 自己의 얼굴을 거울에 비쳐서 잘 보시며는 알 수 있읍니다마는 코날이 바르게 얼굴의 正中線을 通過하고 있는 사람은 意外로 적습니다. 대개의 사람은 코끝이 左右 어느쪽으로든 휘여 있읍니다. 筆者도 右曲型 같으며 自省하고 있읍니다. 左曲 男性의 경우 코날이 右曲되여 있으며는 女難型이며 남에게 속임을 당하기 쉬운 相입니다. 되여 있는것은 거짓을 좋아하며 性格이 거친 편이다. 는 「투기로 散財한다」라고 합니다.

女性의 경우는 男子와 相違하여 지나치게 굽어진 코는 夫君의 運을 망치게하는 지기만 한것은 隆鼻整形術로도 矯正이 어렵다. 교정이 될 정도라면 夫君의 運에 損害가 가는일은 없다고 하겠읍니다.

女性이 이 鼻曲된것을 고칠려면 珍說이지만 性行爲에서 全的으로 正常位를 勵行하라고 합니다. 特히 코가 비뚜러진 中年婦人은 變體位를 常用하고 있는 사람에게 많다는 것입니다. 그길에 經驗이 적은 筆者는 이說의 眞僞를 알 수 없읍니다마는 「코는 膣의 길이를 나타낸다」고 한다면 一理있는 說이 아니겠읍니까.

또 珍說을 말하겠읍니다. 베니스가 바지안에서 右側에 있는가 左側에 있는가를 鼻曲의 程度로서 알 수 있다는 것입니다. 鼻柱가 右曲이며는 男性自身은 스봉의 右側에 左曲이며는 左側에 鎭座한다는 것입니다.

상세한 根據는 역시 알 수 없읍니다마는 대체로 百% 的中 합니다. 讀者 諸位(양)도 보이후렌드의 코와 그의 바지의 부피를 한번쯤 比較하면 어떻할까요?

그리고 鼻曲된 사람은 理由가 많고 당치도 않은것을 우기는 性格이 있음을 알아 주십시요.

※ 鼻에 잔주름이 있는 女性은 오톨도톨 하다

웃으면 코에 잔주름이 생기는 女性이 있읍니다. 코의 어떠한 部分이든 相關없읍니다. 疾病이 있는 女性이며 특히 中年의 出產을 注意를 要합니다.

그리고 「코에 잔주름이 있으면 오톨 도톨하다」고도 하여 이러한 女性의 性器는 膣에 襞多하여 子宮에

古來로 名器의 하나로 적혀 있으므로 經驗者(男性)中에는 苦笑를 하는 사람이 있을지 모르겠읍니

다. 이것만은 經驗이 不足한 筆者는 알 수 없읍니다. 男性이 웃을때 코에 잔주름이 생기면 養子를 맞이할 相입니다. 實子가 있어도 他人의 子息을 養育하게 됩니다. 아니면 當事者가 他家를 계승합니다.

또 이야기 途中 動作과 動作의 中間에 코를 킁킁 소리내는 버릇을 가진 사람이 있읍니다. 이것은 반드시 中年에 失敗하는 相이며 常時가 아니고 一時的으로 킁킁대는 萬事가 생각대로 되지않아 조급해 있다는 表示라 합니다. 코를 항상 킁킁대는 사람은 항상 마음에 조급성이 있는 證據임으로 큰 일을 할 수 없고 大成하지 못합니다.

그리고 사람과 對面하여 열심히 코를 만지작 거리는 사람은 金錢을 빼내려는 생각을 가졌다고 봅니다. 이야기 途中 相對가 코를 만지작 거리면는 조심조심 하여야 합니다.

※ **鼻穴이 적은 男性은 배포가 적다**

코는 큰것이 좋다고 前述하였읍니다. 그러나 지나치게 큰 것은 좋지 않읍니다. 「코의 살붙음이 좋고 큰것은 吉하지만 얼굴에 맞지 않게 큰것은 凶하다. 어디까지나 얼굴과의 균형이 重要합니다. 晚年孤獨의 相입니다」라고 相書에 있읍니다.

또 「顏面大하고 鼻小한 者는 가령 富豪家에 태여 났다 할지라도 결국은 財를 破하고 家를 失하게 된다」라 하여 코가 너무 적은것도 역시 中年에서 晚年의 運이 좋지않다. 그리고 「鼻穴이 적은

것은 吝嗇과 생각할 정도로 儉約하는 者이다」라고도 합니다. 總體的으로 鼻小한 사람은 鼻穴도 적게 마련이며 原來 완고합니다. 그것이 財를 散하는데는 상당히 깊은 原因이 있을 것입니다. 小生이 알고있는 어느 포목商 主人이 마침 이 鼻相이 였읍니다. 이 사람은 女性狂으로 破産하여 버렸읍니다.

코에는 이외 長鼻 短鼻가 있읍니다. 그러나 一般的으로 長鼻는 吉相 極端的인 短鼻는 凶相이라 합니다.

鼻長하고 살붙음이 좋으면 이사람은 同情心이 있고 性質은 溫厚 그리고 長命합니다.

鼻短의 사람은 自己집을 相續받을 수 없읍니다. 만약 相續하여도 父母를 상실하든가 아니면 別家의 身分이 된다는 것입니다. 혼히 肥滿한 重役타잎 男性에게 意外로 鼻短한 사람이 많다. 이는 逆으로 말하면 鼻短하고 肥滿型의 男性은 家業을 승계하지 않고 獨立하는 것이 大成할 수 있다고 할 수 있읍니다.

그러나 鼻短하면 大體로 코全體가 적은것이 普通이므로 短鼻지만 敗財하지 않고 大成한다는 것은 이 外턱이나 얼등의 相이 大端히 좋은 경우에 限할 것입니다.

이와 같이 코뿐만 아니라 人相을 볼 경우 絕對 一部分만으로 모든 判斷을 하여서는 안됩니다.

※ 鼻大는 길수록 좋다

코가 나온 차제에 「人中」과 그 附近의 相을 說明드립니다.

人中은 鼻下에서 웃입술中간끝까지 이르는 延長된길이를 말합니다. 人中이 길다. 鼻下가 긴것은 「長壽의 相」이라 하여 長壽하는 外에 財福도 풍부한 吉相입니다. 또 人中의 兩쪽 男性이 口肉을 모으는 附近을 「食祿」이라 부르고 있읍니다. 이것은 文字그대로 家屋으로 말하면 부엌에 해당되는 곳으로 食祿이 넓고 풍부한 사람은 生計에 여유가 있고 財를 모은다고 합니다. 食祿이 좁은 사람은 부엌도 좁으며 生活도 궁핍하다고 判斷됩니다.

大體로 食祿이 풍부한 사람은 人中도 길다. 即 鼻下가 길고 따라서 鼻下가 길며는 길수록 좋다는 것입니다.

그리고 金甲(小鼻(附近에서 食祿에 이르는곳에 큰 點이나 班點이 있으며는 이사람은 一生 食祿이 풍요합니다. 그리고 같은 食祿의 範圍內라 할지라도 적은 點이 있는것은 안됩니다. 食客이 날라 들어오는 貧乏相이며 特히 적고도 色이 좋지않은 點이 있는 사람은 一生 食客이 따라다니며 他人의 뒷바라지를 보지않으면 안됩니다.

반드시 팥크기 정도로 큰 點이나 班點이 아니면 안됩니다. 점은 적은 사람이 많다. 또한 人中사이에 點이 있는 것도 凶相입니다. 特히 男性이 人中에 點이 있는것은 他人의 험담 미움을 사는

※ 人中의 下方에 點이 있는 女性은 結婚까지 處女를 지키지못한다

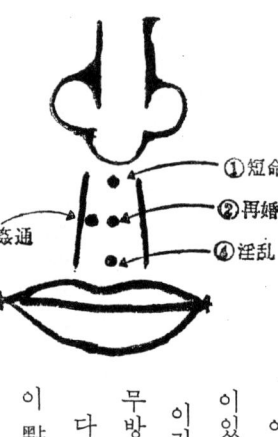

여성의 人中은 子宮으로보아 코날과 같이 人中도 휘여진 女性이 있다.

이러한 사람은 子宮이 前出 또는 後出되어 있는것으로 보아도 무방합니다.

다음은 人中의 點은 亦是, 子宮의 질병을 나타낸다. 上圖와 같이 點의 位置는 각양 각색이며 位置에 따라서 觀點이 달라집니다

우선 圖①과 같이 코 바로밑에 點이 있는 사람은 短命입니다.

圖②에 닮은 位置라도 左右 어느쪽이든 기울어 있는 點(圖③)은 子宮의 疾病과는 關係가 없으며 姦通의 相淫奔의 相입니다.

圖②와 같이 人中의 中間쯤에 있는 女性은 分明히 子宮이 弱하고 그리고 再婚할 相입니다. 男性이면 이것은 一言居士의 相입니다.

또 圖④와 같이 人中 下方에 點이 있으면 男女不問하고 素行이 좋지못한 相이며 特히 女性은 淫亂이 甚하다. 結婚까지 處女로 있기는 어렵다. 또 結婚하였어도 夫以外의 男性과 通情합니다.

사람이며 職業變更이 甚하고 바람둥이 입니다.

人中에 상처가 있는 男性도 同一 합니다.

여기에 點이 있으며는 子息을 出生 못한다고 합니다. 따라서 養子를 맞이하게 되며 그 養子가 또 한 대단한 不孝子가 되며 運이 좋지못한 點입니다. 人中은 크고 깊고 確實한것이 좋은相입니다. 그리고 人中이 確實한 女性은 陰毛가 울창합니다. 逆으로 人中이 크고 깊고 確實한사람은 陰毛가 적습니다. 男性으로는 어느회사 N氏가 實로 크고 깊은 人中을 가지고 있읍니다. 이것은 生殖力이 强한相 이며 말할 나위도없이 陰毛 또한 많습니다. 反對로 人中이 얕고 確實치 않은 男性은 너무 넓어 溝가 形成되지 않고 평탄한 男性은 根氣가 없고 生殖力이 弱하며 無精虫을 한것같으며 精液을 射精하여도 아이가 생기기 힘든 相입니다.

相書에는「人中은 男子의 경우 二十五歲까지는 確實히 形成된다. 女子는 그것보다 빨리 確定된다. 그리고 年老해짐에 따라서 老化하여 희미해지는 것이며 中年에서 이미 人中이 없는 女性은 子孫이 적다」라고 합니다.

또한 웃을때 人中에 옆줄이 생기는 女性이 있읍니다. 이것은 姦通 私通의 相이며 婚前에 性交를 過用하여도 이옆줄이 생기므로 未婚女性은 러브한트를 適當히 하여야 합니다.

※ **人中의 下가 넓으면 남아를 많이 出生한다**

人中의 下端은 下圖와같이 사람에 따라서 刑態가 相違합니다. 이것으로 男兒인가 女兒인가? 어느쪽을 많이 낳는가를 알 수 있읍니다. 圖①과 같이 人中의 아래가 뾰족한 사람은 남아를 많이

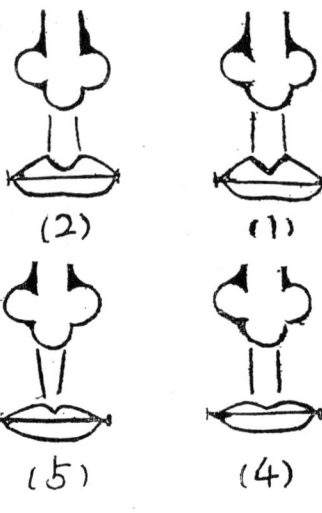

출산하고 圖②와 같이 둥근 사람은 女兒에 緣이 있읍니다. 圖③의 下廣한것도 男兒이며 圖④와 같이 上가빠른것은 男女 半半이다. 제일 兒童緣이 좋은 相입니다. 이것은 夫妻의 어느쪽의 人中이라도 判斷됩니다.

統計的으로는 戰中 戰後 混亂한 非常時代에는 男兒의 出生率이 높고 平和가 되면 女子의 出生率이 높다. 個個의 家庭에서도 同一하여 生活에 고생이 없고 裕福한 집안에는 女兒가 出生하기 쉬우며 心身의 고생이 많은 時代에는 男兒를 出生하기 쉽다고 합니다.

또한 圖⑤와 같이 人中의 上이 넓고 下가 좁은 것은 나이를 먹을수록 生活이 困窮하는 相이며 人中이 極히 가느다란 사람도 生活苦에 시달리기 쉽다. 이 相의 사람은 또한 氣小하며 겁쟁이라 합니다.

陰毛는 ②⑤의 사람은 적고 ③④의 女性은 많다. ①은 보통.

人中의 中間쯤이 넓고 圖⑥과 같이 희미한 사람이 있읍니다. 100分之 90푸로는 일이 成就

되는듯 하지만 最後에는 破綻을 가저오는 運命人입니다. 어찌된 일인지 이상하게도 그러한 不運을 만나는 相이며 이러한 人中의 사람은 病이 떠나지 않습니다.

그리고 人中에만 毛가 生하지 않은 사람 人爲的으로 이곳을 면도하는 습관의 사람은 足함을 모르는 男性이며 晩年運은 좋지않습니다. 反對로 카토릭의 神父처럼 人中에만 毛를두는것은 이것은 良相이다. 아마도 카토릭의 司敎나 神父任이 相學을 아시는지 모르겠지만 偶然의 一致가 아니겠읍니까? 예스 그리스토에 奉仕하시는 분이 東洋相學上 좋은수염을 지닌다는 것은 그리스토의 誕生과 東洋思想은 깊은 關係가 있는지도 모르겠읍니다.

(8) 額(액) 이마보는法

이마가 넓은 男子을 男便으로 하면 시어머니 때문에 苦生한다

長男과 次男三男은 이마의 넓이가 相違합니다. 간단하게 말하면 兄弟의 아우가 될수록 이마의 폭이 좁아진다.

때문에 三男 四男이지마는 이마가 넓은 長男의 이마를 지니고 出生한 사람은 가령 末弟라도 長男의 相을 가진사람이며 이러한 사람은 반드시 家産을 相續하여 生家를 세우는 運命을 지니고 있읍니다. 제일 上의 兄이 長男의 이마를 갖지않고 次男의 相이며는 兄은 早死하거나 家出하여

버릴것입니다.

女性의 경우는 原來 他家에 出嫁하기 때문에 男性과 같지 않습니다. 그러나 만약 女子만의 姉妹인 경우이면 善惡은 고사하고라도 實家의 便利를 보는 사람은 姉妹中에서 제일 이마가 넓은 女性입니다.

때문에 만약 그녀가 大財閥의 姉妹이고 男子가 없어 모든 姉妹에 養子가 들어와도 그 財産을 승계하는것은 가장 이마가 넓은 女性의 男便이 된다는 것입니다.

反對로 貧家 혹은 옛날에는 잘 살았지마는 現在는 곤경에 있는 商家等의 姉妹는 집의 再建整理 그리고 父母의 뒷바라지 等 苦生을 당하여야 할 사람은 역시 이마가 넓은 딸의 男便이 되는 것입니다. 이상하게도 이는 잘 맞습니다.

흔히 말하는 「車없고 家없고 시부모만 있는」사람과 結婚하여도 (그가 次男 三男일지라도) 兄弟中에서 제일 이마가 넓은 사람이라면는 결국 시부모의 老後의 뒷바라지를 할 사람은 그의 妻가 貴女가 될것입니다.

結婚을 생각한다면 그리고 언제까지나 夫婦만의 生活을 갖기를 願한다면는 한번 그의 兄弟의 이마를 비교하여 보십시요.

※ 山과같이 생긴 이마의 女性은 夫君에게 反抗한다

이마는 머리털이 있는 곳에서 눈섭양쪽끝까지의 사이를 말합니다. 이를 三分하여 上部는 推理를 나타내고 中部는 記憶 下部는 直觀을 나타내는 곳입니다. 推理能力 換言하면 知能이나 想像力이 發達하고 있는 것은 이 上部가 넓은 사람에게 많다.

이마양쪽이 기억자 식으로 각이된 사람은 所謂이마가 올라간 相으로 推理力이 發達한 即 知能型의 이마라할 수 있읍니다. 이에 對하여 이마전체가 둥근이마의 사람은 이마의 上部보다 오히려 中央에서 下部가 넓으며 推理力보다 記憶力 혹은 直觀力이 우수하고 性格은 激하기 쉽고 식기 쉬운 感情型이라 말할 수 있읍니다.

그리고 이마의 形態에는 關係없이 옆에서 보았을 때 眉 바로위가 突出한 이마가 있읍니다. 이것을 眉丘가 높은 이마라하여 特히 直觀力이 發達되여 있읍니다.

그리고 全體로 이마가 發達한 이마의 양쪽이 네모반듯한 타잎의 사람은 대체로 코와 顴骨(頰骨)은 팽창되여 있지 않지만 만약 그 이마에서 코와 頰骨이 높은 사람은 銳敏한 活動的인 사람일 것입니다.

대체로 이마에는 大別하여 三가지의 타잎이 있다. 知能型과 感情型 거기에 이마위가 좁고 아래가 넓은 모가진 이마입니다. 이마는 頭腦보다 오히려 筋骨이 發達한 男性이 좋은운의 相이라고 할 수 있는 것이다.

그리고 例컨대 지능형과 근골형의 경우 所謂 이마가 올라간 지능형쪽이 근형보다 知能的으로 우수하다. 만약 이 知能型과 근골형이 合하여 犯罪를 범했을 경우 分明히지능형이 首謀者 知能犯이며 直接 犯罪를 實行하는것은 근골형이 될 것입니다.

또 지능형의 中央의 처진것은 榮養의 表現이며 감정형근골型의 사람보다 지능형의 이마를 가지는 사람이 榮養에 풍족한(어느 意味에서는 食生活에 호사하는) 相입니다.

그리고 이 中央의 처짐이 變形하여 이마중간 머리털이 얼굴중앙으로 쥐꼬리처럼 내려온 이마는 소위 山과 같은 이마의 사람이 있읍니다. 正面에서 보면는 山字를 이마에 까꿀로놓은것 같이 보이는 이마입니다.

이와 같은 처짐을 相學에서는 參差라 합니다 만은 感情型 筋骨型에도 直觀型의 이마에도 參差가 붙은 이마는 있읍니다.

參差는 山字를 엎어놓은 것에 비슷하게 중앙에) 꼬리가 있는것 또는 둘, 둘 보다는 셋 即 數가 많아질수록 惡相이며 손위에 對하여 反抗하는 運勢를 나타냅니다. 他人으로부터 忠告를 받아도 완고하게 自己의 主張을 관철하고 特히 이마에 쥐꼬리 같은 줄이 둘이내려온 男性은 노하기를 잘하며 새게의줄로 얼굴로 향하여 줄털이 났으면 음험하다. 反抗하는 知能型이 가장 질이 쁜 사람이라 할 수 있을 것입니다.

參差가 있는 男性은 위에 누나가 있을 것입니다. 만약 실제로 그 男性에게 누님이 없으면은 母親은 以前에 女子를 流産 또는 中絶한것으로 된다. 혹은 父親쪽에 子女 또는 숨겨놓은 아이가 있는지 모릅니다. 여하튼 參差가 있는 男性은 兩親의 最初의 아이는 아니라는 것입니다.

女性의 경우 近年에는 이마에 앞머리를 면도한 사람이 많으므로 이마의 넓이나 參差는 正確하게 알 수 없읍니다 만은 參差가 있으므로 이마가 넓거나 參差가 있더라도 한 直後가 아니면 正確하게 알 수 없읍니다만은 參差가 있으면은 역시 反抗型이며 女性은 結婚하는것이 보편적이므로 그 男便에게 反抗하기 쉬운 性格으로 보는 것입니다.

※ 이마가 튀어나온 女性은 出産이 어렵다

이마의 良相은 우선 폭이 넓고 傷處나 點이 없고 그리고 皮膚의 三條件의 어느것이 欠하여도 良相의 이마라고는 할 수 없읍니다.

그런데 人間의 얼굴에는 앞에서 보는것과 옆으로 보는것이 있읍니다. 正面의 얼굴의 느낌과 옆얼굴의 느낌이 全然다른 사람이 있읍니다. 觀相術에서는 正面은 當人에게 公開하여도 무방한 問題가 나와있는 곳이고 옆얼굴은 그사람이 숨기고 있는 것이 나타나 있는 것으로 보는 것입니다.

이것은 이마 뿐만 아니라 코가 날카롭고 높은 사람은 푸라이드가 높은 性格입니다. 例컨대 입이 突出된 옆얼굴의 사람은 먹기(食)를 잘 하는 사람이며 코가 날카롭고 높은 사람은 푸라이드가 높은 性格입니다. 婦人에게 秘密로 거느리고 있는 女子로 因하여 問題가 있으면은 正面에 나타내지 못하고 옆얼굴의 顔色이 우울하여 좋지 않으며 男便을 恒時 보고있는 婦人에 눈이라면 男便의 內心의 고민등은 옆얼굴을 보는것이 잘 나타난다고 하는것도 이러한 理由때문입니다.

또 正面에서 보아서는 그렇게 생각되지 않은것이나 옆얼굴로는 대단히 쓸쓸하게 보이는 사람이 있다. 이것은 그사람의 內實이 무엇인가 정말외로운 것이 있는 證據입니다. 지금은 大스타인 君이 映畵界에 들어가 얼마안되어 筆者에게 말한적이 있었읍니다.

「정말 연기자는 옆얼굴로서 心境을 노출시킬 수 있다고 봅니다. 저에게는 아직 그 演技가 되지 않습니다」라고. 이말을 들었을 적에 S君의 只今의 人氣와 地位를 筆者는 豫感한듯이 생각하였읍니다.

이마는 옆얼굴에 한층더 그 內心을 表現합니다만은 제일 간단히 이를 알 수 있는것은 血色입니다. 新聞의 바둑란에서 解說을 읽은 사람은 記憶에 있을줄 생각합니다만은 喜怒哀樂을 表情에 나타내지 않은 G氏라 할지라도 重大한 對局에서 勝機를 잡았을 때는 옆에서 본 그이마에 上記하는——紅潮하여 皮膚의 色이 活氣가 띠어 오면하고 觀戰記者가 쓰고 있었읍니다. 反對로 敗色이 질을때는 이마에서 밑으로 핏기를 상실하여 파랗게되어 옆얼굴에 있읍니다. 이것은 筆者 自身도 G氏 정도의 名人이라 할지라도 옆얼굴에(이마에) 나타나는 色을 속일 수 없는 것입니다.

眉丘(眉의 살 불음)는 보다 옆얼굴에서 잘 알 수 있다. 眉丘는 直觀力 外에 熱心을 表示하는 것으로 이에는 살붙음이 좋은것과 骨이 높은것 두가지가 있읍니다. 살붙음이 좋고 높은것이 良相입니다. 이러한 사람은 後天的인 熱心과 努力으로서 一業을 完成하는 器量의 所有者입니다. (眉骨이 높은것은 先天的이기는 하지만 努力을 하려고 하지않기 때문에 같은 熱心도 一時的이고 곧 熱이 식어버립니다. 권태를 잘 내는 性質이 있는 것입니다).

眉丘가 높은 사람은 만사에 熱心함에는 틀림이 없지만은 他面에서는 唯物的이어서 計算빠르고 哲學的 思索에는 適當치 않습니다. 따라서 거기에 이마가 올라간 型은 眉丘가 높으면 證券人 即 株價의 變動等에는 민첩하게 對處하여 利益을 잘보는 投機的인 天分을 구비한 사람이라 할 수 있읍니다. 같이 眉丘가 높아도 머리결이 一直線인 角型의 이마의 사람은 統計만을 의지하여 統計的으로 무엇이든 解決하려고 함으로 投機에는 不適富하며 오히려 會計를 매껴두는 것이 장난을 하지 않고 적당하다 할 것입니다.

또 이마가 각을이룬 사람은 總體的으로 眉丘가 높지않으며 따라서 이러한 사람도 投機는 不適當합니다. 그대신 이마가 각을이룬 사람의 合計를 매겨 두면은 適當히 숙여 용돈을 例事로 우려냅니다. 같은 각을 이룬 이마이라도 이마가 치켜 올라간 사람은 知能的이므로 表面은 그럴사 함으로 容易하게 弱點을 잡을 수 없읍니다. 어쨌든 眉丘가 높은것과 이마가 치켜 올라간것은 主로 男性이므로 女性에게는 關係가 없읍니다. 연예인 E양과 같이 이마가 튀어나온 女性은 例外없이 陰毛는 많은것 같습니다.

이러한 女性은 섹스는 대단히 좋아 하지만 男性이 보는바에는 大型이고 情緒가 欠如되어 있는 것 같습니다. 왜 그러냐 하면 이 女性은 自己만 滿足하면 대뜸 男性에게 등을 보이며 코를 고는 그러한 自己主義的인 性格의 所有者이기 때문입니다.

그리고 一說에 의하면 이마가 튀어나온 사람은 女性器 外陰部의 살붙음이 厚하여 子息을 出生하지 못한다. 만약 姙娠하여도 出産에 힘이 든다고 합니다.

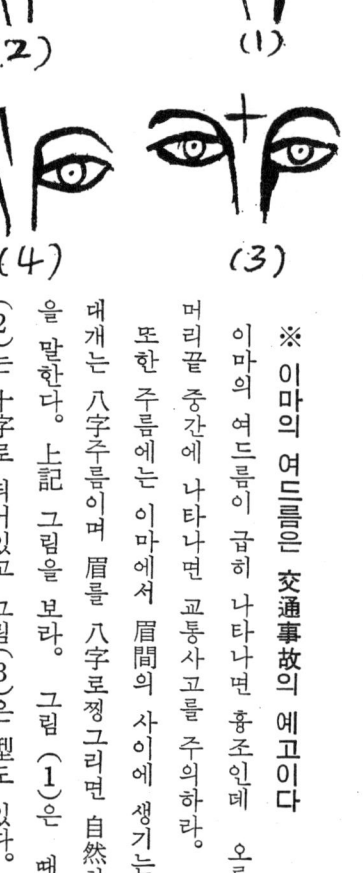

※ 이마의 여드름은 **交通事故의 예고이다**

이마의 여드름이 급히 나타나면 홍조인데 오른쪽 눈섭위와 머리끝 중간에 나타나면 교통사고를 주의하라.

또한 이마에서 眉間의 사이에 생기는 주름이있다. 대개는 八字주름이며 眉를 八字로 찡그리면 자연히 생기는 주름(2)는 말한다. 上記 그림을 보라. 그림(1)은 때로는 三番그림이던 上記 그림에 주름은 人相學的으로 凶한 相입니다. 二番 주름은 自招해서 苦生을하는 相이며 四十歲경까지 運이 열리지

(2)는 十字로 되어있고 그림(3)은 十型도 있다. 그러나 어느것

않습니다. 三番는 더 나쁘고 사소한 것이라도 걱정을 하는 神經衰弱氣味의 人相입니다. 이러한 사람은 孤獨한 相입니다.

더욱더 나쁜것은 十字주름이며 一生기를 펴지 못하는 相입니다. 왕족이 되든지 국운을 좌우합니다.

또 懸針紋이라 불리우는 주름(④)가 있읍니다. 이것은 一番입니다. 眉間이 좁은 사람에게 이 주름을 볼 수 있읍니다 만은 이것은 순위의 사람 即 兩親兄 上司等으로부터 언제나 억압을 當하여 自己의 意志表示의 機會가 없고 欲求不滿으로 꽁꽁하고 있으면은 이러한 懸針紋이 나오게 됩니다. 역시 이것도 苦生性의 相입니다.

그리고 女性으로서 眉를 조금만 찡그려도 이 懸針紋이 나오는 사람은(眉間이 좁은 탓도 있어) 性器의 수축이 좋으므로 妻로서는 多少 걱정이 되겠지만 男便으로서는 나쁘지는 않을 것입니다. (도표③)이나 三本주름(도표②)는 困難하지만 툭하면 노하고 懸針紋이 생기는 女性은 섹스面에 關한한 나쁘지는 않습니다.

다음에 여드름 입니다. 이마에 나오는 여드름을 「생각해주는 여드름」이라 속담에 말하고 있읍니다. 이것은 틀렸읍니다. 이마에 여드름이 나오는 것은 萬事가 생각대로 되지 않은 表證이며 생각을 當하고 있는 것이 아니라 여드름이 생긴쪽이 멋대로 생각하고 있는 것입니다. 만약 그러한 戀心의 自覺이 없으면은 金錢的인 苦生 또는 試驗(또는 就職)의 成績이 좋지 않다 등 아뭏든 무엇인가 마음에 걱정되는 일이 있어서 입니다. 思春期에 特히 하이틴의 男性에게 여드름이 나오는 것은 生理的 自然現象으로서 상관은 없읍니다. 그러나 이것이라 할지라도 무엇인가 섹스面에서 이상한 울분이 있으므로 여드름이 나왔다고 할 수 있을 것입니다.

아뭏든 젊은 사람의 여드름은 重視할 필요는 없읍니다 다만은 適齡期가 지났음에도 여드름 吹出物(實은 여드름이 아니고 여드름과 같이 膿이 아닌 밝은것)이 툭 이마에 나오는것은 問題입니다. 이것을 相學에서는 赤苞라하여 어떠한 災害를 받을 前兆입니다. 交通事故에 주의하거나 火難 水難에 휩쓸릴 우려가 있으므로 操心하여야 합니다.

眉間에 여드름 자리가 穴이되여 남아있는 사람이 있읍니다. K君이 그러합니다. 이것은 穴이 二三個 있으면 次男이라도 長男의 責任을 가진다. 即 家産을 相續할 德이 具備된 사람이며 만약 長男이 이 穴이 있으면 家出하여 分家(獨立)합니다. 그리고 이 穴이 단하나만 있을 경우에는 豫期치 못하는 理由때문에 自己希望이 達成될 수 없는 좋지못한 相입니다. 多幸히 K君의 경우는 흉터가 二個있으므로 父親과는 獨立된 存在가 된다고 봅니다. 單只 K君의 흉터는 眉間의 若干 右側에 있읍니다. 이것은 胃를 나쁘게 할 相이므로 暴飲暴食은 삼가하는것이 좋을 것입니다. 그리고 여드름 흉터가 右側에 있는 사람은 心臟이 弱합니다.

(9) (미) 눈섭보는 法

※ 八字로된 눈섭을 가진 남자는 페니스가 길다

眉는 西洋占術에서는 運命判斷的인 價値는 인정치 않으며 눈을 보호하는 것 정도로 취급한다. 그러나 동양의 相學에서는 大端히 중요하게 보고있다. 우선 壽命의 長短을 본다. 그리고 兄弟를 알 수 있고 貧富에 관계되는 財産運을 볼 수 있으며 나아가 섹스의 强弱을 分別할 수도 있읍니다.

犬公이나 고양이는 眉가 없읍니다. 蠻人에게도 대체로 眉毛가 없읍니다. 이러한 것으로 因하여 知能進化와 眉의 關係를 이해할 수 있읍니다. 그러나 여기에서는 賢愚나 兄弟關係는 사양하고 主로 섹스能力과 간단한 運勢判斷法을 記述합니다. 우선 眉와 섹스關係부터 說明드립니다.

所謂 八字眉라 말하는 眉가 있읍니다. 眉毛가 眉頭에서 眉末에까지 極端的으로 내려가 있고 正面에서 보면 마치「八」字로 보입니다. 이 八字眉는「二眉의 相」이라하여 妻緣이 한번으로서는 않되는 男性입니다. 거기에 眼眉도 같이 내려가 있는 사람은「四眉의 相」이라하여 점점 妻緣에 變化가 있읍니다. 戶籍上의 意味가 아니고 女子를 交替하는 것입니다.

八子眉의 男性이 왜 女子를 많이 두는가 하면 그 原因은 섹스에 있읍니다. 이러한 相의 男性을 實은 陰莖이 길다고 합니다. 때문에 婦人이 당해 내지를 못합니다. 自然히 相對는 주의할 必要가 있게 마련이며 F氏가 이 眉相입니다. F氏는 女子를 울였스리라 생각합니다. 女性으로서 이 眉相은 과부相입니다.

女性에 있어서도 眉는 그녀의 섹스의 特徵이 가장 잘 나타나는 部分입니다. 女子의 眉를 학술적으로 媚라고 읽게한 中國人은 實로 女性을 觀察한 民族이라고 感歎하여야 할 것입니다. 女子의 眉 그 자체가 自然히 媚態를 表示합니다.

勿論 이러한 眉는 細하지 않으며는 않됩니다. 털이 많은 眉로서 秋波를 던져도 氣分은 나지 않을 것이다. 女性은 原來 반달 같은 가는 眉여야 합니다. 그러나 지나치게 가늘어서 멀리 위에 있는 女性은 태생이 色情의 念이 강하고 外道를 잘 합니다. 그만큼 精力은 旺盛하여 色難의 相인 것입니다. 여기서 眉毛가 위에 있다는것은 即 田宅이 넓다는 것입니다.

眉頭에 分布한 神經은 生理的으로 心理的으로 大端히 敏感하여 女性은 맨스때는 眉頭의 털이 서는 사람이 많다. 보통은 자고 있어도 生理期에는 逆立합니다. 某社의 人事課長이 이 分別法을 알고 있어 生理休暇를 要求하는 女子社員에게 「양은 거짓말을 하고 있우만. 三日前에 끝났을텐대」라고 말하니 얼굴이 붉어지면서 고개를 숙였다고 합니다.

※ 逆上眉의 女性은 家庭主婦型이 아니다

眼열에 對하여 眉丘라하여 眉毛가 나오는 付近의 살(또는 骨)이 숫아오른 사람이 있읍니다. 主로 男性에게서 볼 수 있는 眉相이며 特히 外國人에게는 男女를 不問하고 이러한 眉丘가 높은 사람이 많다.

이것은 努力家 精熱漢의 相이며 또한 分析的인 觀察能力이 우수하다. 直感이 銳敏하다. 猛禽의 鷹와 같은 사람입니다. 鷹도 眉丘가 發達되여 있어 空中에서 날라와서 적은 것을 取할수가 있다. 即 銳敏하기 때문입니다. 그리고 中國의 相法에서는 「眉高한것은 大貴의 相」이라 칭찬하고 있으므로 男女不問하고 眉丘가 높은것은 집안에서 태여났다고 할 수 있을 것입니다. 그리고 行動的인 性格입니다. 단지 이 眉相의 사람은 精悍한 나머지 무엇이든 지나치게 하는것이 缺點이며 氣性도 激이 지나치며 特히 眉가 細하고 거기에다 털이 센사람은 獨自的인 셈을 하여 엉뚱한 셈을 하는수가 많다. 眉丘가 높은데다 어느정도 눈섭이며 진한 흑색의 眉이면 理想的인 眉相이기 때문에 直感도 잘 맞습니다.

한편 眉丘가 얕은 사람은 男女不問하고 精神的 哲學的이며 여하튼 行動하는것 보다는 思索에 잠기게 일수이다. 東洋人은 大體로 이型입니다.

그리고 짙은 검은색의 眉가 理想的이라 말하였읍니다. 그러나 確實히 眉가 엷은것은 사람위에

설 才量이 없는 指導者에는 不適하다고 하겠읍니다. 그렇다 하여 지나치게 짙은 흑색에 둥근맛이 없고 끝이 올라간 一文字의 眉를 갓인사람은 생각한것은 前後를 돌보지도 않고 해치우는 타잎이며 남과의 妥協性이 없읍니다. 歌手인 S君이 이眉 같습니다. 그리고 이 眉相의 사람은 兄弟의 사이가 좋지않다.

女性으로서 이러한 끝이 올라간 짙은 眉의 사람은 과부相이며 陰毛는 많을 것입니다. 特히 同性에 對하여는 同情心이 없으며 異性에게는 積極的입니다. 男性에게도 自己쪽에서 말을 붙이는 型입니다. 때문에 家庭의 主婦로는 不適合하다고 하겠읍니다.

그리고 老年이 되어도 언제까지나 칠흑같이 眉가 짙은것은 後繼者가 마땅치 않으며 그 사람이 社長이면 언제까지나 第一線에서 일하지 않으면 않됩니다. 即 他人의 缺點이 너무도 눈에 띠여 위태로워서 일을 맡길수 없는 것입니다. 眉는 역시 나이를 먹을수록 엷(白)게되어 가는것이 自然입니다.

※ **短眉의 女性은 夫를 剋한다**

短眉라하여 眉가 짧은 女性은 夫婦運이 좋지않습니다. 短眉의 相의 女性은 서로 사랑하여 理想的인 男性과 結婚하여도 언젠가는 男便을 不幸하게 한다. 即 夫를 剋한다.

그렇지 않으면 肉親과 緣이 없는 運命입니다.

眉는 눈보다 길면 長眉。眼의 끝보다 짧으면 短眉입니다。그러나 약간 긴것이 보통이며 길뿐만 아니라 털결이 고르고 윤택한것을 良相으로 합니다. 이것은 男性도 同一합니다.

E양은 美人이며 實로 女子다우며 大部分의 男性은 그녀의 노예일것입니다。그러나 유감스럽게도 特定의 男性과 結合만되면 相對를 그녀는 不幸하게 만든다는것 같습니다。언제까지나 不特定 多數의 男性에게——부라운管을 通하여——사랑을 받는 女性으로 있어 주었으면 합니다.

女性은 大體로 눈섭을 뽑거나 이를 면도하기 때문에 태생의 眉相을 判斷하기는 困難합니다. 그러나 E양의 경우 자세히 보면 눈섭의 半정도가 대단히 옆어서 短眉라 判斷하였습니다. 그 男性도 短眉人은 妻를 울립니다. 外道生活多며. 放蕩 等等 理由는 여하간 物質的 精神的으로 妻를 울리는 것입니다. 短眉에다 끝이 내려간 눈섭의 男性이면 生活은 不如意하며 나빠진다. 그리나 人間 그 自體는 나쁘지 않으며 他人의 同情도 잘받고 또 同情心도 强하다. 거기에다 八字眉의 T氏의 경우가 되면 至極히 淫奔함으로 生活이 安定하면 女子出入이 끊치지 않으면서 婦人은 계속 울면서 살게된다는 것입니다. 婦人은 男便의 그러한 美點을 過大評價하여 어디까지나 追從해 버린다.

男子이든女子이든 短眉는 配偶者에게는 좋지않은 相이라 하겠읍니다.

※ 男便으로는 彩가 있는 남자를 求하라

左右의 눈섭이 높고 낮음이 있어 上記 그림과 같이, 같은 형태의 눈섭을 진사람은 배다른 형제가 있다.

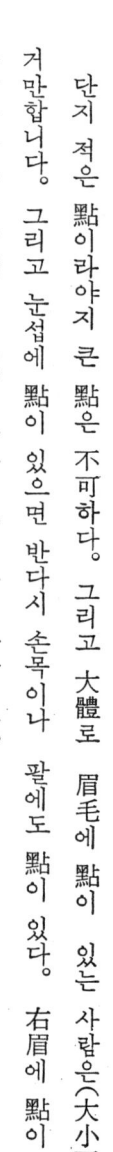

또 한 사람이 이야기할때 눈섭을 모아서 말하는 사람이있다. 이것은 늦게 고독할 상이며 또 一文字式으로 눈섭이 확실히 보이는 사람은 대체로 손재주가 있으며, 눈에 點이 있는 사람은 그점이 적으면 지능이 우수하며 크면 형제간이 배다른 형제가 있으며 눈섭중간에 어디라도 點이 있으면 知能이 발달한 사람이다.

단지 적은 點이라야지 큰 點은 不可하다. 그리고 大體로 眉毛에 點이 있는 사람은(大小不問) 右眉에 點이 있거만합니다. 그리고 눈섭에 點이 있으면 반다시 손목이나 팔에도 點이 있다. 右手에도 點이 있다. 이상하게도 이는 적중합니다.

그리고 눈섭의 點이라도 눈섭끝에 있는 點이나 또는 흉터상처가 있으며는 이것은 一律하게 事業에 失敗하고 財産을 상실하는 相입니다. 投資하였을때도 그러합니다. 積極的이 되어서 더 財를 散하게 되는 것입니다.

女子關係에서도 가만이 있으며는 좋을것을 손을 지나치게 내여 밀어서 오히려 失敗하는 型입니다.

그리고 次弟에 말하여 둡니다마는 眉毛에 一二本 特別히 긴털이 있는 사람이 있읍니다. 이 一二本 털이긴 것은 吉相이며 그러한 털에 광택이 있어서 빛나는것을 人相學에서는 「彩」라 하고 人뿐만 아니라 집안에 툭 티어나게 成功할 人物이 나올 相입니다. 孔子는 이 「彩」가 三本이나 있었다고 합니다.

그가 美男이 아니고 多少 추남이라 할지라도 「彩」가 있는 男性이라면 女性은 安心하고 몸을 마겨도 무방할 것입니다. 만약 그의 兄이나 동생에게 「彩」를 發見할때도 同一합니다. 그가 뜻밖에 成功을 成就할지 모르기 때문에.

※ 眉間이 좁은 女性은 긴짜구이다

眉間은 그 사람의 손가락 二個가 드러가는 것이 標準이며 이사이가 넓은 男性의 氣宇廣大의 相이라 합니다. 그러나 지나치게 넓으며는 「愚者의 相」이 됩니다.

兒童으로서 眉間이 손가락 三個정도나 되는것은 早熟兒이며 이는 男女不問 입니다. 테레비에서 兒童으로서 成人役을 잘해내고 있는 兒童은 大體로 이 眉間이 넓은 兒童입니다.

成熟한 女性으로서 眉間이 넓은것은 至極히 多淫. 그러나 섹스는 신통치않다.

그러나 原來 女性의 性感은 性行爲를 하는 男性의 技巧에 左右되는 것이므로 眉間이 넓은 女性

이 반다시 재미가 없다고는 할 수 없을 것이다. 要는 男性의 努力如何에 있읍니다. 中國의 相書에서는 오히려 眉間이 넓은 女性을 貴婦良妻의 相이라 합니다. 단지 眉間은 넓어도 鼻線의 살이 없는 婦人은 「夫를 剋할 惡女」로 判斷되고 있읍니다.

反對로 눈섭과 눈섭 사이가 좁은 女性은 性器의 수축은 좋다고 합니다. 所謂 긴짜구 라하는 性器를 가진 사람입니다. 그러나 이러한 좁은 眉間은 財運이 나쁜相입니다. 結婚運도 나쁜것 같습니다. 긴짜구 임에도 性器의 기능은 좋은데도 結婚에는 붙어있지 않읍니다.

男性의 眉間이 좁은것도 相學에서는 좋지 않읍니다. 不必要한 苦生이 많고 小心한 性格을 가지며 熱心히 일은 합니다마는 上司의 認定은 적습니다. 眉間이 좁을수록 이 不運은 倍加하는것 같습니다. 婦人運도 나쁘다 합니다. 大體로 眉間은 年齡을 더해감에 따라서 眉頭가 흐미해져 넓어 가는것이 보통이며 老人은 眉間이 넓읍니다.

그러나 逆으로 좁아지는것은 「妖相」입니다. 옛날은 眉間이 좁아 劍難의 相이라 하였다고 하며 B君은 大端히 眉間이 좁아 劍難의 相이므로 交通事故等에 注意를 要합니다.

一說에 男子는 末子가 될수록 眉間이 좁아진다고 한다. 따라서 長男이 동생보다·眉間이 좁은것은 집을 상속못한다. 家長될 器量이 없다고 相書에 기술되어 있읍니다.

※ 妻의 姦通은 夫의 眉에 나타난다

男性의 眉로 妻의 姦通을 알 수 있다라고 하여도 믿을 수 없겠지마는 相學에서는 「男子의 眉가 突然히 윤택이 나고 빛이 날때에는 그 妻는 姦通하였다」고 말하고 있읍니다. 理論的 科學的 根據는 別로 없읍니다. 그러나 根據가 없는 意味라며는 左右의 眉頭가 過接近하였다——即 眉間이 좁은 女性은 性器가 좋다고 하는것도 정말 이상한 이야기이며 단순한 傳說에 지나지 않는다고 一笑해 버리는 사람도 있을 것입니다.

그러나 觀相術은 易이나 占術과 같이 몇千年의 太古때부터 수많은 人間의 運命의 共通點을 體質이나 性格 風貌 指紋 手相 等에서 總合的으로 判斷하고 算出한 統計에 依한 것입니다. 即 眉間이 좁은 女性의 大概가 性器가 수축이있다는 것을 알게되여 그리고 많은 이좁은 「眉間이 좁은 女子는 아래가 좋다」고 傳言되어 왔을 것입니다. 이러한 意味에서 實로 觀相術은 科學的인 根據에 依한다고 할 수 있읍니다.

夫의 眉가 갑작이 빛나게되면 그 妻가 姦通하고 있다고 하는것도 수많은 實例에서 나온 判別法에 相違없을 것입니다. 그 點에 對하여는 누구도 이를 否定할 수 없읍니다.

勿論 如何한 경우에도 例外는 있읍니다. 콘퓨터에도 誤差는 認定됩니다. 하물며 對象은 人間다시 말하면 人間과 人間의 結合이며 만남 **결별입니다. 예외가 없다는 것이 이상할 것입니다.**

이 경우는 眉가 윤택하여저 빛이 난다는 것은 어떠한 일인가 그 發見을 어떻게하면 빨리 할 수 있는가 等이 說의 當否 그 自體보다 重要할지 모릅니다. 그리고 早速히 眉의 變化하나 노치지 않고 喝破하는 일이야말로 觀相術의 妙諦이며 그것을 할 수 있는 사람이 即 觀相術의 大家입니다. 筆者는 勿論 아직 그런 大家는 않입니다. 따라서 觀相術의 基本을 그 具體例를 紹介하며 讀者 諸賢의 參考에 供하는것밖에 할 수 없읍니다. 姦通의 發見法도 그러합니다. 옛날부터 相書에 쓰여진것을 여기에 紹介하였읍니다.

勿論 紹介하는대는 筆者自身의 體驗이나 知識으로서 納得이 간다는것은 말할 나위도 없읍니다. 以下 其他의 眉에 關한 鑑定法을 紹介드리기로 하겠읍니다.

男女共히 眉毛의 진한것은 頑固者이며 義理가 있으며 眉付近에 털이 있는 사람은 남을 도우고 나도 도움을 받는 相입니다. 眉에 後天的인 흉터가 左眉에 있으면 집안 男性의 누군가에 病이 있고 右側에 있으며는 집안의 女性에 難이 있다고 봅니다.

또 逆毛의 眉라하여(눈섭털이 가로세로 엉클려 있는 것) 眉頭와 眉尻의 털결이 一定치 않고 서로 逆方向으로 나와 있는 사람은 中年에 반드시 破産을 當한다. 또한 平常時에는 眉毛가 좋은 眉가 急作히 부빈듯이 逆毛가 되면 惡事災難이 닥처올 前兆로서 操心하라고 古人은 말하고 있읍니다.

또 눈섭중간이 군대 군대 끊어저 있는 眉 이를 間歇眉라 합니다만 이러한 眉의 사람은 性格이 교활하며 兄弟緣이 좋지않습니다. 眉毛가 至極히 박하여 없는것과 같은 사람도 子息緣이 弱하고 치욕을 모르는 사람이라 합니다.

以上 일일히 有名人의 이름은 列擧하지 않았습니다마는 여러분의 周圍에도 반드시 果然하며 생각나는 眉相의 사람이 있을 것입니다.

※ **田宅이 두터운 女性은 好色 一代女이다**

眉는 瞼의 위에 있읍니다. 이 눈과 眉사이를 人相學에서는 「田宅」이라 합니다. 田宅은 上瞼과 共通됩니다만 上瞼의 上과 眉下의 간격도 包含되며 上瞼보다는 넓은 範圍를 말합니다. 眼相에 包含치 않고 眉相은 별도로 이름을 붙인 것입니다.

田宅은 文字 그대로 田地나 家宅 不動産을 나타내는 곳으로서 이 田宅이 넓은 사람은 天運의 혜택을 받고 있읍니다. 親父母 兄弟 配偶者 財産을 양도받는 吉相이며 所謂 眉가 壓迫한 사람은 이 運이 없다. 또 田宅이 넓어도 여기에 흉터나 點이 있으면 父母의 遺産은 아무것도 없는 사람입니다. 혹시 유산을 상속하여도 이러한 點이 있는 사람은 그것을 없앨 運命입니다. 女性도 同一합니다.

田宅은 또 섹스와 깊은 關係가 있읍니다. 田宅은 젊을때는 부어 있는듯 하며 넓어도 老年이 될수록 움푹하여지는 것입니다. 그것이 언제까지나 살붙음이 좋고 瞼이 팽창된듯한 사람은 至極히

淫奔합니다. 여기에다 처진 眉이면 이 老人은 「荒淫 그 度를 알 수 없다」 即 色事에만 몰두하는 형입니다. 이것은 田宅에 언제까지 脂肪이 있어서이며 老苦에 關係없이 田宅 即 瞼이 팽팽한 男性은 精力이 强한 即 절륜이라 보아도 좋을 것입니다.

女性의 경우도 그러합니다. 눈이 부은듯한 女性이 때때로 있읍니다. 살이 많은듯이 부픔한 田宅의 사람입니다.

이러한 女性은 好色 一代女型이여서 男子없이는 있을 수 없읍니다. 結婚을 하여도 男便이 性的으로 弱하든가 旅行을 잘하는 商人이라면 他男性과 놀지 않고는 있을 수 없다. 大端히 섹스面에 强하다 하겠다. 그만큼 애교만점이며 所謂 男子를 좋아하는 型입니다.

옛날의 美人畵를 보면 알 수 있읍니다. 原來 우리나라 女性의 얼굴이 아름답게 보이기 위하여는 너무 眉와 눈 사이가 좁으며는 스페인系의 女子같이 表情이 딱딱해 집니다. 오히려 眉毛를 면도질하여 눈으로부터 떨어지게 眉를 그리는 쪽이 即 面을 넓게 보이는 것이 한결같이 아름답게 보이는것 같읍니다. 美人畵는 이 筆法으로 女人을 그리고 있읍니다.

勿論 그 영향에서 好色一代女가 생겨 난것은 아니다. 오히려 畵家는 銳敏한 觀察眼으로서 어떠한 女性이 色연이 있는가를 하였던 것입니다. 그러므로 美人의 형체로 아름답게 보이기 위하여 田宅이 두개가 있게 그리고 넓게 보이게 眉를 그렸던 것입니다.

人相學的으로 藝術家의 冷靜한 人間觀察의 結果에 있어서도 即 田宅의 부피가 있는 女性은

好色이라는 것을 관찰하였던 것입니다.

그리고 같은 눈이라 할지라도 수면부족과 같이(혹은 지나친 수면과 같이) 田宅이 부은듯하게 되는수가 있읍니다. 그리고 著者의 體驗을 자백하면 수면은 보통과 다름이 없음에도 田宅이 부은 듯 할때는 女性에게서 멀어져 있을때가 많다. 말하자면 精力이 갈곳이 없어서 저축되어 나와서 田宅이 부어오는 것입니다. 그러므로 거울에 얼굴을 보면 알 수 있게 됩니다.

그 證據로 너무도 섹스의 度가 지나칠때는 누구든지 눈은 켕하게 마련이다. 田宅의 살이 엷어 진다. 即 이것은 精力을 낭비한 때문이라고 判斷합니다.

過勞한때도 勿論 눈은 피로하여 있읍니다. 또한 울음을 거둔후도 부어있게 마련이다. 어디까지 나 通常의 상태에서 田宅을 보아 섹스의 過不足을 判斷하는 것입니다.

※ **田宅의 살붙음이 엷은 女性은 幸福해질수 없다**

前項과는 反對로 田宅의 살붙음이 엷은 사람이 있다. 所謂 시원한 눈입니다.

이러한 女性은 T양 O양 어느쪽이든 이미 結婚하였읍니다마는 一重瞼의 實로 매혹적인 눈을 하고 있읍니다.

그러나 相學에서는 이같은 눈을 가진 사람은 박행하다고 합니다. 美人薄命의 相입니다. 體質도 弱하고 中年을 지나면 不幸이 重첩될지도 모릅니다.

211

大體로 田宅은 눈위에 있읍니다. 相學에서는 때문에 손위關係를 나타내는 것으로 봅니다. 이곳 이 엷은것은 上司의 恩惠가 엷은 相입니다. 이것은 女性도 同一하며 스스로의 努力으로만이 길이 열리게 됩니다.

또 田宅이 넓은 臉의 살붙음이 풍부하여도 여기에 흉터등이 있는 사람은 父母의 財産이 몸에 붙지 않습니다. 眉와 눈사이가 가깝고 그리고 살붙음이 엷은것은 처음부터 財産은 그 사람의 運에 있지 않다고 봅니다. 男女不問하고 臉와 눈사이가 넓은 사람은 손위의 보살핌 恩惠를 받아 他力的으로 運이 열린다. 女性이면 몸가짐은 나빠도 좋은 相對가 나와 一生 安樂하게 살 사람입니다. 그리고 男性의 田宅은 넓어도 眉가 엷은 사람은 女子道樂을 그치지 않은 相 입니다. 眉의 엷은것이 條件입니다.

(10) 齒(치) 이를 보는法

※ 齒를 해넣으면 쎅스가 弱하게 된다

意外로 一般에게는 알려져 있지 않습니다마는 觀相術에서 重要한 포인트의 하나에 齒相이 있읍니다. 그녀의 陰毛가 많은가 적은가 정도는 齒에서 알 수 있읍니다.
周知하시는 바와같이 齒에는 門齒(前齒) 犬齒 臼齒의 三種이 있고 이중 中央最前列의 一對의

齒卽 門齒가 그사람의 性生活이나 運勢를 보는데 가장 重要합니다.

齒는 原來 食物과 密接한 關係가 있어 動物을 보아도 牛馬와 같이 풀잎을 常食하는 動物은 臼齒가 發達하고 猫等 肉食을 主로 하는것은 犬齒가 發達해 있읍니다. 肉類를 主食으로 하는 外國人과 菜食이 主인 우리나라 사람을 比較하면은 外人은 臼齒五 犬齒五의 比例지만 우리나라 사람은 臼齒六에 對하여 犬齒四의 比例라 합니다. 그리고 齒의 數는 個人個人에 差가 있어 例컨대 門齒等은 上下에 二對식이라 限定되지 않고 上下 三對식의 사람도 흔히 있읍니다.

그리고 눈에 첫째로 인생일때의 老化가 우선 나타나는것이며, 그리고 齒 다음이 섹스能力이라고 흔히 말하고 있읍니다. 그러나 觀相學에서는 特히 精力을 象徵하는것은 齒입니다. 그중에서도 門齒는 重要합니다.

齒는 그사람의 肉體的 健康을 保持함에 있어서 「嚙(씹다)」이란 重要한 役割을 하는 器官임을 알고 있을 것입니다. 그러나 그것뿐만 아니고 빨이 腐朽하는 齒는 바이다리티의 缺乏을 나타내어 所謂 齒가 나쁜사람에게 性慾이 旺盛한 사람은 없읍니다. 또한 아무리 他齒가 나빠도 門齒가 健在하다면 性行爲에 特히 衰退를 보이지 않읍니다. 逆으로 風虫齒로 門齒를 뺀 사람은 年齡에 關係없이 正常的인 섹스기능의 減退를 가져옵니다.

O氏가 앞에 門이되는 이가 뿌러지고 새로金齒를 하고있어서 당신양기가 弱한 눈치여서 어떤사람이 그것을 指摘하니 「그런일은 없다 훌륭하다」고 必死的으로 말하더라고 합니다. O氏는 毒舌

家지만 急所를 지적 당하여 당황하드라고 그 사람은 말하고 있었읍니다.

勿論 個中에는 總入齒를 하고도 아이를 만든사람도 많을 것입니다. 婦人이 美容整形 때문에 總入齒를 하는 사람도 많다. H양이 그러합니다. 二十代의 그녀가 門齒를 뺐다하여 대듬 性機能을 劣化시킬 理由는 없읍니다. 그러나 斷言할 수 있는것은 그녀는 보통 門齒가 健全한 女性에 비하여 分明히 性的으로 弱하며 更年期가 됨에따라 이 傾向은 加重될것이라고 著者는 생각합니다.

이것은 門齒를 빼어 美容整形 때문에 門齒를 빼거나 總入齒를 하면 홀몬分泌의 減化를 가져오게하여 女性의 경우는 乳房이 적어집니다. 혼히 횟손모델에서 義齒를 하고있는 女性의 가슴이 평탄한것은 이러한 곳에도 原因이 있을것입니다.

勿論 性生活을 하게되면 未婚時代와 틀려서 女性의 바스트 힛뿌에 變化가 나타나는것은 當然之事로서 大體로 바스트가 적고 힛뿌는 벌어져 옵니다. 그러나 그 變化와는 別途로 齒를 뽑는 것으로서 홀몬分泌에 差異가 생기고 中性化한다는것을 기억해 주십시요.

即 齒가 强한사람은 男女를 不問하고 섹스도 强하다고 기억해 주십시요.

入齒뿐만 아니라 얼굴形을 人爲的으로(整形手術等으로) 變更시킬 경우는 外見이 變한다는 以上으로 당신의 運勢性格까지가 變化를 가져온다는 事實을 잘 理解하여 둘 必要가 있읍니다.

214

※ 齒大한 女性은 陰毛가 많다

Y양의 門齒는 男子처럼 크고 強할것 같습니다. 이와 같이 門齒(前齒)가 큰 女性은 毛根이 많다고 합니다.

陰毛가 많으며 색이짙은 女性은 일을 대단히 熱心히하며 義務에 對하여 誠實합니다. 所謂 「과부의 악바리」型인 사람에게 陰毛가 짙은 女性이 많다. 섹스面에서는 감탄할 型은 아닙니다. 男性側에서 보아 그녀들의 미모는 여하간에 침실에서는 意外로 淡白하리라 생각됩니다.

나아가 前齒뿐만아니라 齒全體가 獅子와 같이 다같이 큰 女性이 있습니다. 이러한 女性의 陰毛는 많으며 한층더 眞色일 것입니다. 이型의 女性은 情熱이 激하고 男性에 對하여도 積極的 行動的이며 침실에서는 집요하게 애무를 구합니다.

男性에게도 이는 適用되며 大體로 前齒가 큰 사람은 毛根 많다고 생각하면 될것입니다. 그리고 陰毛는 「짙다」「옅다」고하는 分別法 外에 形態에 의한 分類도 있습니다. 여기에 對하여는 次章에서 詳述하겠읍니다.

※ 齒小粒한 女性은 「吊柿」이다

上下의 齒가 적어서 마치 수박씨를 세워 놓은듯하게 보이는 女性이 있읍니다. 이러한 女性의

膣內는 구조가 정교하여 行爲때 男子에게 快感을 주기를 甚大하다고 합니다.

이것은 膣口의 左右兩側에 마치 매달아 놓은듯한 감과 같은 餘分의 살이 붙어 있는 女性器 입니다. 이러한 살은 大體로 없는것이 보통이지만 白人에 一人이나 二人은 膣口에 이와 같은 살을 가진 婦人이 있읍니다. 그러한 婦人은 참외씨 같게 齒牙를 하고 있다고 합니다.

大體로 男女가 交接할때 陰部의 下側에는 틈이 생기게 마련입니다. 그러나 이살이 있는 女性은 틈이 생기지 않고 下部를 잘 補完하여 快感을 준다. 그리고 行爲의 局에 達하게되면 이살은 柔曲하여 下側을 包容하여 快味를 일층 深大하게 만든다 합니다.

우리 한국女性에게는 이 機能이 있는 사람은 유감이지만 極히 적다. 그러나 齒牙가 적고 볼택기의 뼈가 풍부하고 顔面의 下半部의 살붙음이 풍만한 女性에 이상의 型으로볼 수 있읍니다. 所謂 아래턱이 突出하여 두툼하고 혼히 「受唇」이라 이끄는 女性이 긴짜구라 한것은 입을 陰部에 비유하여 입밑에 아래턱의 살이많으면 아래턱의 살을 膣口의 下邊에 있다고 錯覺하기 때문일것 이다.

勿論 錯覺이 아니고 事實 그러한 女性도 있읍니다. 그러나 이 경우도 齒牙가 적은것이 條件입 니다. 아래턱과 음부를 대하여 도되며 下齒가 上齒의 外側에 나와 있는 所謂 반달型」등인데 이러한 女性은 질투심이 보통이상으로 크기 때문에 男性에게는 달갑지 않은 齒相입니다.

※ 齒 배열이 나쁜 女性은 男便을 交替한다

齒와 性格이 대단한 關聯이 된다는 事實은 統計的으로 나온다. 惡質的인 犯罪者는 뻔은 이로멋 대로난 齒를 가진 사람이 많다는 것을 보아서도 알 수 있읍니다.

이것은 나면서부터 또는 遺傳에 의한다고는 하나 日常 齒를 重히하고 꼬박 매일 양치를 하는 사람은 性格도 규율이 있지마는 犯罪를 犯하는 人間은 어딘가 빠진데가 있고 자포자기한 性格때문에 치아의 손질 또한 소홀히 하는 結果라고도 할 수 있을것 같습니다.

古來로 齒의 配列의 좋은 사람은 「言語에 實이있다」. 齒와 齒사이가 틈이 있거나 齒配列이 나쁘면 品行불길하며 「虛言을 吐하는 者」라 말하여 왔읍니다. 確實히 齒는 그 사람의 性格運命을 나타내는 것입니다.

例컨대 亂抗齒라 말하는 齒配列이 나쁜 齒가 있읍니다. 이러한 齒의 男性은 婦人의 緣이 變하기쉽다. 性格은 短氣이며 고집장이 입니다. 例擧하는것은 未安합니다마는 예컨대 M氏가 그러합니다. 아마도 그는 젊었을때는 日月角이 激하고 短氣者이였고 婦人運도 나빴다고 듣고 있읍니다. 그가 家庭的으로 安定한것은 現夫人과의 再婚 以後일 것입니다.

女性도 齒配列이 나쁜 부인은 家運이 기울게 됨으로 注意하라고 옛사람은 가르치고 있읍니다. 그고집에 短氣한 性格때문에 男便이나 그 兩親과의 충돌이 끊이지 않을 것입니다.

몇번이고 夫를 交替하는 女性에게 齒配列이 나쁜사람이 많다고 하는것은 이러한 理由때문입니다.

兒童이 齒配列이 亂雜해 있으며는 父母도 敎育에 마음을 다하여 비트러진 性格이 되지않게 養育하여야 합니다. 相이라고하며 路변에서 죽을 사람입니다. 우선 交通事故等에 十分 注意하여야 합니다.

圖④와 같이 門齒의 한쪽이 缺한곳이 있는 사람은 片親과 早別하고 兩親이 健在할지라도 어느쪽이든 別居하여 살게 된것입니다.

圖⑤는 門齒사이에 大齒가 나있어 前齒가 三本있는것 같이 보인다. 齒相에서는 이를 荒淫의 齒라한다.

※ **門齒가 左右로 벌려져 있는 사람은 교통사고주의**

이를 보고 당신의 연인의 장래성 성격등을 안다 代表的으로 예를 몇개 설명하겠으니 後面도표를 주시하여 연구하라.

도표 (1)은 뻐든이를 옆에서 본 그림입니다. 뻐든이는 입술밖으로 나온것이며 이렇한 이를 가진 사람은 원래 대범하고 말이 많으며 마음속에 간직하고 있는것을, 즉시 顔面에 나타내는型이다

도표 (2)는 반대로 이가안으로 굽었고 성격은 陰險하고 양심이 컴컴하다 도표 (3) 門齒가 左

219

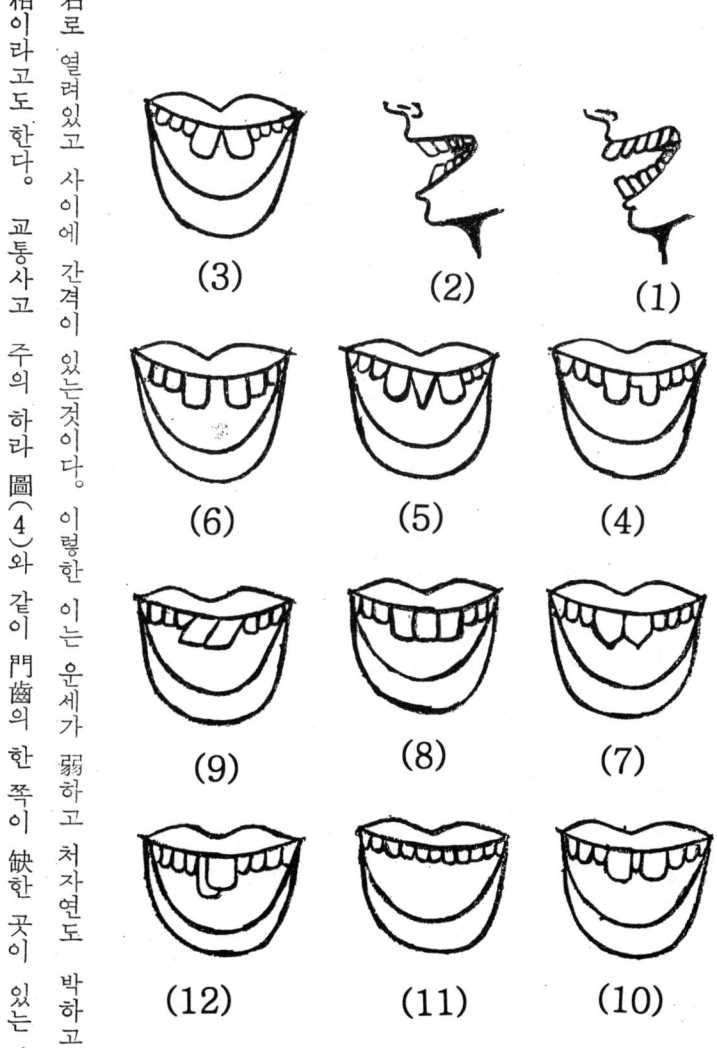

右로 열려있고 사이에 간격이 있는것이다. 이렇한 이는 운세가 弱하고 처자연도 薄하고 橫死의 相이라고도 한다. 교통사고 주의 하라 圖(4)와 같이 門齒의 한 쪽이 缺한 곳이 있는 사람은,

圖 ⑥은 門齒의 사이가 極端으로 버려져 있는사람. 이 齒相은 短命하다. 肉親과도 박연이며 兩片親과 早別하고 或은 別居한다. 圖 (5)의 門齒 사이에, 犬齒가 있으면 陰亂의 운명이다.

圖 ⑦과 같이 門齒가 二本다 뾰죽하여 犬齒와 같이 보이는 사람은 性狂暴, 兄弟사이도 나쁘며 主人을 배반하는 反逆兒의 相입니다.

親어 生存中에는 不孝가 끊이지 않읍니다.

圖 ⑧도 좋지 않습니다. 이것은 門齒가 三個가 있으면 사람을 傷害하는 惡想입니다. 盜癖이 있다고도 합니다.

圖 ⑨는 門齒가 옆으로 굽어저 있다. 이것은 性格도 삐딱하고 언제나 호언장담하고 거짓말을 잘한다. 적당한 性質임으로 人間的인 信用은 할 수 없습니다.

圖 ⑩은 門齒 사이에 적은 齒가 나있다. 이 齒相은 대단히 고집이 세고 強情하며 친척간의 사이도 나쁘고 잘 말하면 孤獨을 좋아하는 사람 나쁘게 말하면 사람을 싫어하는 齒입니다. 그대신 이 사람이라면 하고 생각하는 相對에게는 他人이 무어라 하건 철저히 보살펴 준다. 고집不通의 齒입니다.

圖 (11)은 齒가 總體的으로 小粒하고 所謂 切餅을 세워놓은듯이 가자를 한사람. 이것은 깍쟁이의 齒입니다. 他人을 위하여 美를 위하여 몸과 돈을 쓰지 않습니다. 財閥家에게 혼히 이러한 齒의 齒입니다. 그러나 「긴것에는 말이라」主義的인 곳도 있어 曲型的인 에고이스트의 齒라 하는 사람이 있읍니다.

겠읍니다. 또 別途로 臟齒라하여 적은 쥐의 齒와 같은 사람은 孤獨하다고 합니다.

이外 門齒가 二個 겹쳐서 나와있는 사람(圖12)는 「多辯하고 他人을 誹謗하는 性質이 있기 때문에 스스로 破滅을 초래 한다」라고 말하여 上의 眉齒가 口腔內에 屬한 사람은 執念이 強하며 한번 치욕을 받으며는 絶對 잊어버리지 않습니다. 그 代身 忍耐心이 強하고 말하자면 初志貫徵型입니다.

이와 같이 前齒를 보기만 하여도 그 사람의 性質運勢를 알 수 있읍니다. 男女에게 이것은 共通함으로 우선 戀愛結婚의 相對로는 普通의 齒列의 사람을 선택하는것이 無難합니다. 굳이 말한다면 多少는 美容上의 缺點이라 하겠지마는 韓國人이면 뻔은 齒 氣味의 사람이 善人이며 安心을 하여도 무방할 것입니다.

그리고 以上은 上側 齒만으로서 判斷하였읍니다. 그러나 이것은 웃을때나 입을열었을때 外部에 서 보이는것은 大部分 上側齒에 限定되기 때문입니다.

(11) 顎(악) 아래턱 보는法

턱이 긴 男性은 愛妻家이다

턱이 건실한 남성 또는 튼튼한 사람은 심장도 튼튼하며 남아답다.

그러므 로스포츠선수는 턱이 튼튼한 것이 특징이다.

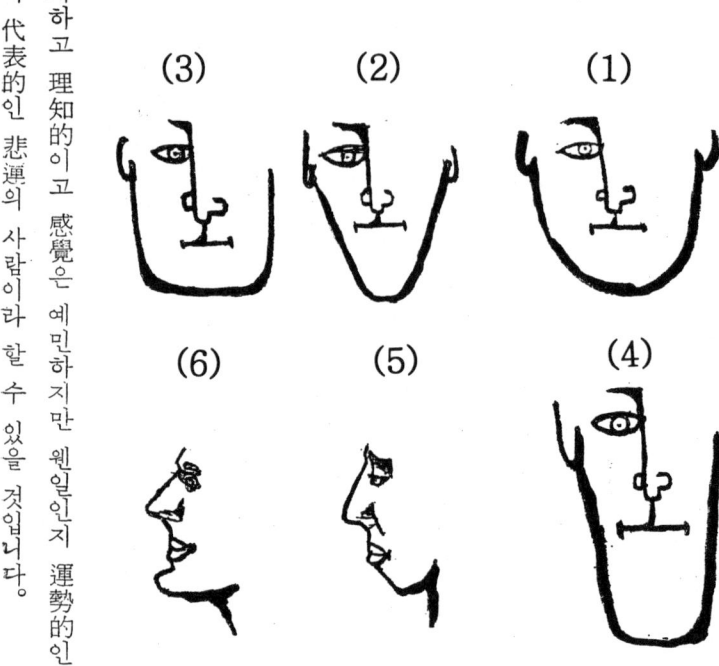

턱은 또한 意志力 忍耐力을 表示하는 以外 晚年運을 表顯하는 곳입니다.

上紀圖를 보고 大別하여 턱의설명을 이해 하시기 바랍니다. (1) 丸型, (2) 尖型, (3) 角型, (4) 廣型, (5) 型突, (6) 突出型 六個型으로 區分합니다 이중 丸型을 튼튼한 型의 하나이며 情愛가 깊고 家庭愛가 강하다. 他人도 잘돌 보아 知己로부터 특별한 愛顧를 받습니다. 戀愛나 夫婦關係에서도 좋은 對象의 혜택을 받습니다.

②의 뾰죽하고 細密한 턱의 사람은 例컨대 I氏 Y君과 같이 愛情面에서 혜택을 받지못하는 相이며 家庭을 쓸쓸하게하고 理知的이고 感覺은 예민하지만 웬일인지 運勢的인 隆盛을 다할 수 없읍니다. Y君은 이型의 代表的인 悲運의 사람이라 할 수 있을 것입니다.

③은 性格이 頑固하고 지기를 싫어한다. 너무 我가 强하여 때로는 사람들에게 미움을 받습니다. 턱이 팽창된 사람은 한번 받은 屈辱을 절대로 잊어버리지 않습니다. 그러한 意味에서는 執念이 强하고 거기에다 實로 神經은 약하여 적은것에 잘도 마음이 가는 性格입니다. 재미 있는것은 턱이 角型으로 되어 있는 사람은 반드시 骨盤도 팽팽하다. 女子와 같이 骨盤이 넓다.

그리고 ④의 넓은 턱은 턱이 넓은 것과 同時에 下唇에서 턱南端까지가 길어 所謂 반달型의 턱입니다. S氏가 이 타입입니다. S氏의 턱은 좀더 가늘고 뾰족한 편입니다마는 이턱의 사람은 正直하고 愛情도 깊고 表裏없이 일을 합니다. 그러나 대단한 自信家이며 義俠心이 두텁고 愛妻家입니다. 그러나 턱의 첨단이 뾰족하고 突出해 있으며는 그 自信이 恩人에 對하여 흠을 던지는 結果를 招來하며 住居도 安定되지 않고 移轉이 많은 相이됩니다. 그리고 女性이 이 型이면 一見氣가 强한것 같지마는 內心은 유순하고 사람이 좋습니다. 父母兄弟를 위하여 眞心을 다하는 사람이며 他人에 對하여도 表裏가 없읍니다.

⑤圖는 正面에서 보면 가늘고 옆에서 얼굴을보면 턱이 三角으로 떨어져 있는것은 우리나라 사람에게 가장 많은 얼굴이며 性格은 感情的이고 喜怒哀樂이 極端的입니다. 忍耐心이 없고 多少 感傷的이 있고 수다스럽다. 턱은 晩年運도 表示하기 때문에 이와같이 턱이 쓸쓸한 사람은 感情的인에

도 不拘하고 俗된것을 좋아하지 않습니다. 美術 音樂等의 특기가 있으며 多藝 多趣味를 가질 타 잎이며 變愛至上主義者입니다. 處世術은 없습니다.

그리고 圖⑥과 같이 옆에서 보아서 살이 나오올수록 情熱家입니다. 子息을 많이 만드는 것 도 當然하며 그가 「불타는 男子」임은 턱을 보면 알 수 있읍니다.

이외 턱에 콩알 만큼의 살이 솟아나있는 사람은 大端히 일에 熱中합니다. 情熱을 냅니다. 單 이턱의 主人公은 妻에게 심하게하는 사람이 많습니다. 表面은 부드럽지마는 밖에서 外道를 계속 한다든가 要는 暴君이 여서 結局은 夫婦 離別을 招來케하는 케이스가 많은것 같습니다. 나포레온 못소리니가 이型이며 역시 夫人을 交替하였읍니다.

턱을 正面에서 보게되면 둥글게 보이지마는 옆에서 보면 後退한 사람이 있읍니다. 圖⑤型에 近 似한 턱입니다마는 多少 둥군맛이 있읍니다. 이것은 內向性이 強한 性格이며 大端히 체면을 생각 합니다. 이렇게 말하면 저렇게 받아 들이지나 않을까 等等 마음을 지나치게 써서 態度가 消極的 이고 自身의 意志愛情等을 表示하기를 꺼려하기 때문에 오히려 第三者에게 交際하기 힘든 人間으 로 보인다는 것입니다. 要컨대 意志表示가 不充分한 사람입니다.

(12) (指) 손가락 보는法

엄지손가락이 짧은 남성은 싸움을 잘한다

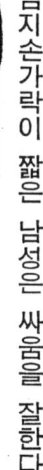

筋骨
心性
榮養
佛心文

 指相은 嚴密하게는 人相이라 하기보다는 手相인지도 모르겠다. 그러나 얼굴이든 손가락이든 人體의 一部에 지나지 않으므로 人相으로 取扱하여도 無妨할 것입니다. 또한 실제로 指相에서 工夫할것이 실지로 많으며 엄지손가락부터 順序대로 설명하겠읍니다. 指相을 볼때 嚴密하게는 左手는 先天的인 運命이고 右手는 後天的인 運勢를 나타냅니다. 여기서는 特히 말하지 않는限 설명에 있어서 左手라 생각하여 주십시요.
 엄지는 五指中 他指와 關聯하지 않고 單獨으로 自由롭게 이손가락을 움직일 수 있읍니다. 이것은 人間만의 特徵이며 他動物에서는 제일 高等인물이라는 것이지만 他四本과 같이 협조하지 않으며는 엄지만 움직일 엄지는 東洋相學에서는 先祖를 表現한다고 합니다. 西洋式으로는 遺傳을 보는 것이라만 左엄지는 先天的인것 右엄지는 後天的인 運命을 表示한다고 보는것이 通例인것 같습니다. 一例를 들면 男性으로서 左엄지를 다치거나 기계등에 끼여 부상을 當하는 경우 그 사람이 태어난後 父母의 家運이 기울어 젔다는 것을 表示합니다. 또 하나로 보는 方法은 左는 父親의운 右엄지는 母親의 운으로 表示한다. 따라서 右엄지를 負傷하면 그사람의 母親의 實家에서는 家運이 나빠졌다고 보는것입니다. 정말 율이많이 있는 實例를 筆者는 보고 있읍니다.

그리고 엄지의 길이는 그사람의 職業의 性質에도 起因됩니다. 그러나 人指의上에서 二節정도에 先端이 있음이 普通이며 이것보다 짧은 男性은 싸우기 쉬운 短氣者입니다. 感情에 激하기 쉬우며 생각한것은 卽時 行動하고싶은 性質이있고 熟慮愼重派의 타잎은 아닙니다.

反對로 比較的 엄지가 긴 사람은 思慮깊고 周圍 情勢判斷에 失手가 없는 愼重派이며 일단 行動을 시작하면 거침없이 해내는 타잎입니다. 「돌다리를 두드려도 건너지 않는다」라고 말하든 K氏 가 이엄지 였읍니다. 圖示한 바와같이 엄지의 第一節은 筋骨 第二節은 心性 第三節은 榮養을 表示합니다.

여기서 엄지의 腹即 손톱이 없는 쪽側을 보아 주십시요. 第一節과 第二節의 境界의 線은 兩端

은 폐쇄되어 있고 가운데가 두터워서 上記圖와 같은 眼의 形態를 하고 있는 사람이 있읍니다. 圖示만큼 明白하지 않아도 線의 兩端이 結合되여 眼과 같이 되여있는 指는 手相에서는 「傳心紋」이라하여 대단히 信仰心이 강한 相입니다. 宗敎에 殉할 사람은 이 傳心紋의 所有者이며 이러한 사람은 靈感의 作用이 常人과 比較하여 대단히 우수합니다.

直感이 銳敏한 사람은 大體로 傳心紋의 所有者이며 이것은 정말 이상합니다.

그리고 無意識的으로 손을 벌여서 보일적에 엄지를 손가락과 떼여서 내는 사람과 엄지를 붙여서 내는 사람은 幼少때 兩親의 사랑을 받은 사람 입니다. 人指에 接하여 내는사람이 있읍니다. 이 엄지를 붙여서 내는 사람은 特別히 더 그러합니다.

左手가 그러면 後天的으로 그사람의 습관이 되어있는 경우는 操心스러운 性格을 表現하는 것이며 小心者이고 깍쟁이이며 獨立心이 缺乏되여 있고 남에게 使用을 當하는 타잎입니다.

反對로 쭉펴는 사람은 性格活達 開放的이며 마음은 좋지만 少少하게옹색 합니다. 엄지를 內側으로 굽혀서 내는 사람이 있읍니다. 이것은 經濟觀念이 강하고 精神面보다도 物質에 執着하는 타잎이며 「傳心紋」의 所有者에게서는 좀처럼 이엄지를 굽혀서 내는사람을 볼 수 없읍니다.

무슨 일에든 限度가 있는 法이며 당신이 또는 당신의 未來의 남편이나 戀人이 無意識的으로 손을 벌여서 보일적에 너무 엄지를 떨어지게 벌리면 獨立心이 강하고 男性의 이기는 하겠지만 人間

이 適當主義이며 獨善的이고, 대단한 浪費家입니다.

당신이 만약에 마이홈主義 即 出世는못할망정 平和스러운 家庭人으로서 妻子를 지켜주는 쌔라리맨의 妻를 원한다면 오히려 엄지를 人指에 붙이는 男性을 선택하여야 할것입니다. 그렇다면 또 박 또박하고 엄청난일은 바라지 않고 月給봉투도 매월 正確하게 가져다 줄것입니다.

한편 男性쪽에서 말한다면 엄지를 붙여서 내는 사람은 역시 銀行員이나 官吏等 堅實한 職業이 適合하다. 당신 自身이 내손을 펴보아서 만약 엄지를 붙이는 타잎이며는 그러한 職業을 선택함이 좋습니다. 堅實한 俸給生活者의 一生을 볼 수 있는 것입니다.

※ **엄지가 反對쪽으로 굽혀저 있는 男性은 도박으로 몸을망친다**

엄지에 限定하지않고 指의 第一節과 第二節 第三節을 各其같은 길이라 生覺할지 모르겠으나 사람에 따라서 그 指에 따라서 一節 또는 二節 또는 三節째가 짧기도 합니다. 그 長短으로 性格, 才能을 區別할 수 있으며 (指相) 이상의 설명을 중요한 관점으로 관찰하여야 됩니다.

後면 圖示에서 말하듯이 엄지의 第一節은 筋骨(意志力 體力等) 第二節은 心性(精神性 神經等) 第三節은 榮養(社交性 物慾等)을 基本的으로 表現합니다.

엄지의 경우 말할 필요도 없이 第三節은 手掌의 一部分이며 手掌에서 突出되어 있는것은 第一節 第二節에 限합니다. 이 二個節이 大體로 同等한 길이의 사람은 思慮分別이 있고 圓滿한 性格

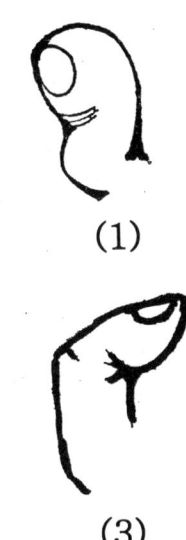

이며 그러나 일단 유사시에는 決斷力도 있고 말하자면 理想的인 人格을 表現합니다.

그러나 大體로는 길이가 相違합니다.

第一節이 길고 第二節이 짧은 사람은 頑固者입니다. 唯我獨尊의 傾向이 있고 원맨社長은 大體로 이러한 엄지의 所有者입니다. 自己가 일단 좋다고 생각하는것은 多少의 忠告를 받아도 귀를 기울이지 않고 진짜는 타잎이며 空手에서 몸을이르켜 事業을 成功시키는 사람입니다. 또한 成功하여도 獨불장군이며 專橫的으로 行動하기 때문에 多少 常識에서 벗어나는 사람입니다. 失敗도한다.

한편 第一節이 짧고 第二節이 긴사람은 所謂 인테리型이며 思考뿐이고 實行力이 뒤따르지 못합니다. 따라서 事業에서는 成功하지 못합니다 그러나 學問하는데는 適合합니다.

그리고 「谷型」이라 하여 圖①과 같은 엄지의 사람은 凶暴性이 있고 犯罪者型입니다.

圖 ②와 같이 엄지의 第一節에서 재켜지는 사람은 角度가 클수록 經濟觀念이 없는 浪費家이며 도박을 좋아하는 傾向이 있읍니다. 도박으로 망하는 사람의 指는 大體로 엄지가 재켜지는 사람입니다. 만약 당신이 女性으로서 約婚者의 男性의 엄지가 極端的으로 재켜진다면 只今부터 充分히 操心하지 않으면 將來 울게될 것입니다.

逆으로 독사指라 이끄는 圖③과 같이 펴볼라 하여도 바로 펴지지 않고 엎드려 보이는 사람은 生家가 沒落한 表示입니다. 이때 左右別에 따라서 父系 母系를 區別합니다. 左는 父系 右는 母系입니다.

또하나 엄지의 下(손목)에는 圖④와 같이 骨이 隆起된 個所가 있읍니다. 엄지의 下를 關骨 小指의 下方에 있는것을 腕骨이라하며 關骨이 높은 사람은 補佐役의 혜택을 받는 相이며 周圍의 추대 援助등 厚한 運命을 表現합니다. 가난할때는 누군가가 도와주는 良相입니다. 이것이 全然 나오지 않으면 我意가 强하고 日常 사람들이 싫어하는 性向이 있으므로 反省할 것을 명심하시요.

한편 腕骨(小指의 下方)이 나와있는 사람은 苦勞性입니다. 知力은 남보다 뛰어나지만 不必要한 苦生을 하는 것입니다. 이러한 사람은 좀더 천천히 周圍에서 되여가는대로 따른다는 마음가짐이 必要하다 하겠읍니다.

※ 人指가 뾰족한 男性이면 몸을 허락하여도 무방하다

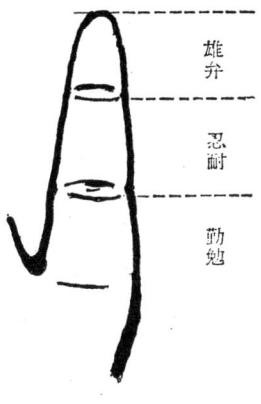

雄升
忍耐
勤勉

五指中에서는 自己를 表現하는 것을 中指라고 봅니다.

五指의 中心은 文字 그대로 中指임으로 人相은 他人을 表示 합니다.

엄지의 경우와 같이 無意識的으로 손을펴서 中指藥指 小指는 붙어있어도. 人指를 떠여서내는 사람이 있다. 이러한 사람은 排他的 傾向이 强하고 혹 · 他人과의 交際性이 없는 사람입니다. 社交家의 指는 아닙니다.

그리고 人指의 第一節은 宗敎心 二節은 野心 三節은 支配欲을 表現함으로 第二節이 긴 男性은 野心家이며 어떻한 逆境에 있어도 항상 野心이 불타있고 環境에 지거나 좌절하지 않습니다.

그대신 第三者로부터 指示를 받는다든가 속박 當하는것도 싫은 性質이 있읍니다.

第三節이 他에 比하여 긴 男性은 支配欲이 旺盛함으로 사람을 다스리는 運命을 지니고 있으며 組合長 學校長 編集長等 여하튼 職業團體나 동료사이의 長이 될 수 있는 性格과 運을 지니고 있

는 것입니다. 그러나 너무 지나치게 이 節이 길며는 傲慢無禮 利己主義이며 他人이 不運에 떨어져 슬퍼하는 것을 보고 좋아하는 나쁜 傾向을 나타냅니다. 남의 밑에서는 참기 어려운 人間이 되는 것입니다.

또 人指로서 語學才能의 有無를 알 수 있읍니다.

大體로 語學에 能한 사람 또는 그 才能을 가진 사람의 人指는 男女不問하고 人指의 第一節이 他節보다 길고 先端이 뾰죽합니다. 이것은 異常하리 만큼 잘 中합니다.

그리고 此指의 先端이 뾰죽한 감이 드는 사람은 神秘的인 것에 對한 關心이 깊고 信仰心이 있고 物質的인 것에 對하여는 淡白한 性格을 나타냅니다. 만약 당신의 戀人이 此指의 男性이라면 당신을 사랑하는 나머지 오히려 당신 쪽에서 돌아서야 될 無識한 行動으로 나올때도 있을 것입니다.

當事者는 진정으로 그렇게 하는 것이 당신의 幸福을 위해서라고 믿고 있기 때문에 미워할 수 없읍니다. 그러나 多少 조급하고 獨善的인 것도 있으며 이러한 型의 男性에게는 차라리 肉體關係를 맺어두는 것이 그로하여금 당신에게 묶어두게 되는 것이며 婚期를 놓치지 않아도 됩니다. 왜냐하며는 이러한 人指의 男性은 大端히 責任感이 강하고 당신이 婚前性交로 임신이라도 하게되면 과감히 結婚까지 끌인하기 때문입니다.

但 그러한 人指의 男性이라도 次項에서 取扱하는 中指의 男性이라며는 要注意 그는 色魔이기 때문입니다. 중지(中指)가 긴 남성은 색마이다.

※ 中指의 二節이 짧은 男性은 失業한다

中指의 第一節은 우울을 表現한다. 이 節이 긴사람은 萬事에 悲觀的이고 性格은 陰性 即 內向型 입니다. 대뜸 事物을 宿命的으로 받아들이며 反抗하는 일이 적다. 積極性에 缺如되는 셈입니다. 家庭 事情에도 原因이 있겠지만 조용한 도령님이다. 平凡하지만 家庭을 어지럽히지 않은 조용한 男子와의 結婚을 生覺하는 女性은 그리고 養子를 맞아 家業을 繼承하지 않으려는 안될 사람은 이러한 中指의 第一節의 긴 男性을 選擇함이 無難할 것입니다. 그의 귀의 廓이 養子 타잎이면 더욱더 좋을 것입니다. 第一節이 짧을수록 따라서 性格은 陽性 即 外向型의 傾向이 강하게 됩니다.

第二節은 또한 기계만지는 才能을 表現합니다. 時計修理工 엔지니어 파이롯드 라디오 테레비의 製作에서 콤퓨다에 이르기까지 무엇이든 좋다. 기계에 强한 男性은 이 第二節이 긴사람 입니다. 數學計算에 能한 사람도 이 指의 所有者 입니다.

따라서 넓게 손의 職業을 가지는 運命을 이 二節은 表現한다고 합니다. 여기가 긴사람이면 技術(精神運動에 의한 또는 肉體를 驅使하는)을 몸에 지니고 있으므로 無爲徒食者가 없읍니다. 그러한 意味에서 逆으로 이 節이 짧은 사람은 定職을 갖지 못하며 失業者가 되기 쉽다고 할 수 있읍니다.

이 節이 짧은것은 當然히 第一節이나 第三節이 길기 때문이며 만약 第一節이 길면 앞의 養子 타잎도되고 悲觀論者 우울型이며 人間도 消極的입니다. 即 第一節의 길이에 比例하여 失業者 타잎이될 可能性은 많다고 할 수 있읍니다.

同一하게 第三節이 特히 긴것도 좋지 않습니다. 이곳은 欲望을 表現하는 節이므로 이것이 지나치게 길면 實行力은 없으면서 願望만 부품하여 결국은 煩悶하게 되는 것입니다. 不平不滿家는 大體로 이 第三節이 긴 사람입니다. 만약 第三節이 길고 第二節이 짧은 사람이면 一生 빛을 보지못하게 되는 것입니다.

※ **中指가 左右로 굽어있는 男性은 依賴心이 강하다**

下記 도표를 보면 藥指의 先이 굽어있다. 指相에서는 中指는 自己를 表現하며 人指는 他人이고 藥指는 肉親 혹은 配偶者로 본다. 그러므로 圖①이 만약 당신의 손이라면 肉親이 당신에게 의지하고 있다. 다시말하면 당신은 肉親(또는 配偶者)으로부터 依賴를 받고 있는 格이며 당신이 肉親(또는 配偶者)를 돌보고 있음을 表現합니다.

이것이 ②와 같은 指相이면 肉親과는 離反하는 대신 他人을 돌보지 않으면 않된다. 他人依賴를 받아 그를 돌보아야할 運命입니다.

또 ③과 같은 指相의 사람도 있읍니다. 이것은 逆으로 언제까지나 父母의 근심거리이거나 兄

姉의 구차한 자이며 만약 父母兄弟가 없으면 男女共히 配偶者에 依支하여 生活하는 相입니다.

엄지는 別途로하고 남은 四指는 다같이 바르게 뻗어 있는것 같이 생각하기 쉬우나 實在는 그렇지 않고 以外로 圖①또는 圖②의 사람이 많다. 개중에는 圖④와 같이 肉親은 勿論 他人에게도 依賴 받아 一生 무엇이든 돌보지 않으면은 안될 사람도 있읍니다. 그러나 依賴를 받을만한 보람도 있는 格이며 他人이나 肉親에게 一生 의지하는것 보다는 더좋을 것입니다.

要컨대 中指는 獨立心을 表現하므로 흔히 남의 덕을보는 사람의 中指는 先端이 어느쪽으로든 굽어져 있읍니다. 女性에 있어서 一生 安心하고 自己를 맡길수 있는 보람이 있는 男性은 中指를

235

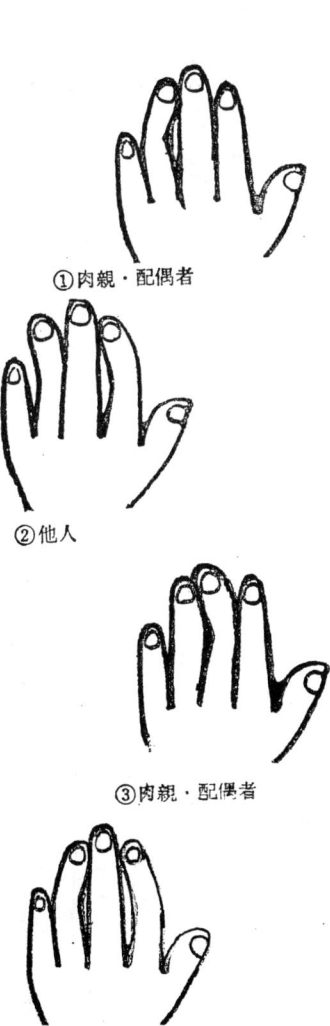

①肉親·配偶者

②他人

③肉親·配偶者

④肉親·配偶者·他人

보면은 알 수 있다.

만약 그의 中指가 바로 뻗어 藥指의 끝이 기대여 있는듯 하면 戀人인 당신 또는 妻인 당신은 一生 그를 믿고 살아갈 수 있게 됩니다. 多少 그 自身에게는 **부담스럽지만 당신에게는 대단히 믿을** 수 있는 男性이라 할 것입니다.

勿論 이때 妻인(혹은 戀人) 당신의 中指는 藥指쪽으로 굽어져 있을 것이며 마치 圖③이 당신의 指가 圖①이라면 指相上의 相性은 大端히 좋을것이 됩니다.

이것이 逆이면 一生 당신은 男便의 뒷바라지를 하지않을 것이며 圖③이면 당신들의 結婚生活은 잘되어가지 않을 것입니다.

어디까지나 이들은 指相 判斷일 뿐입니다. 그러나 이 指相의 中率은 상당히 높다. 아직 당신이 未婚이면 한번 戀人이나 約婚者의 指相을 보고나서 結婚을 하여도 늦지않을 것입니다.

※ **小指가 긴 여자는 精力이 絕倫하다**

小指(새끼손가락)를 물어서 아프다고 하는 말을 들을 수 있다. 小指도 사람에 필요한 생명채이기 때문입니다.

小指는 女性의 마음이나 感情을 表現하는데 適合한 指로 보기 쉽다. 그러나 진실을 보일정도로 가련한 指는 아니다. 물통에 가득히 넣은 물 정도는 가볍게 小指로 들어올릴 수 있는 힘이 人間

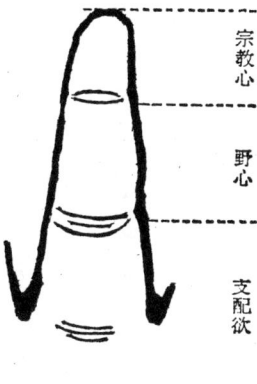

宗教心
野心
支配欲

에게는 누구나 있으며 남자에게 는 손가락을 물렸어도 크게 아프지 않는특징도 있읍니다.

小指는 子息과의 緣을 表現합니다.

小指는 生殖能力에 깊은 關係가 있읍니다. 말하자면 原來 女性은 多産系이며 子息이 많읍니다. 그러한 理由로 小指가 긴 女性은 精力이 絕倫하다고 합니다. 勿論 이 것은 男性에게도 해당됩니다. 그러나 너무 길어서 藥 指정도가 되는 사람은 입이 싸서 적당한 말이 많습니 다. 도표에서 說明하는바와 같이 小指의 第一節은 雄辯이며 특히 이곳이 긴 사람은 辯舌家입니 다. 政治家 辯護士 같은 職業에 적당한 小指라 할 수 있겠읍니다. 그러나 그것도 程度問題이며 만 약 이것이 女性이라면 彼女야말로 말씨가 좋은 女性이라 할 것입니다. 웅변협회의 會長이 되거나 異常한 푸랑카드를 들고 活躍하는 婦人과 같이 이 指의 第一節은 길것입니다. 그리고 만약 小指 全體도 길면 출생하면서부터 그녀는 섹스쪽도 강한 婦人이라 할 수 있읍니다.

그리고 도표와 같이 小指의 第二節은 忍耐 第三節은 勤勉을 各其 表現합니다.

※ 小指가 짧으면 子息이 적다

小指를 子息과의 緣을 表現한다고 말하였다. 그러나 子息이 적은 사람은 大體로 小指가 짧은것 같습니다. 指를 모았을때 小指의 光이 藥指의 第一關節을 넘어 있는것이 普通입니다. 그러나 간혹 指先이 第一關節에 達하지 못하는 小指를 가진 사람이 있읍니다. 이러한 사람은 이 사람이 男性이던 女性이던 間에 子息이 적은 指相입니다.

만약 小指의 짧은쪽이 左手이면 女息과의 緣이 없고 右手이면 男息과의 緣이 없게 됩니다. 兩方다 小指가 藥指의 第一關節에 達하지 못한다면 이러한 사람은 유감이지만 女息이나 男息이든 緣이 없읍니다. (제 一節이란 손가락 끝에서 안으로 들어 오면서 첫째금을 말하는 것입니다)

이것을 逆으로 말하면 左手의 小指가 藥指의 第一節을 지나 있으면 그것은 女息을 갖는것을 表現하고 右手의 小指가 그렇다면 男息이 많다는 것을 意味함니다. 그리고 一律的으로 그것은 自己의 實女(아들 딸)와의 關係에만 그치지 않는것이 재미있는 點입니다.

例컨대 夫婦사이에 딸이 하나뿐이다. 勿論 自己의 딸입니다. 그러나 父親인 男性의 左手의 小指는 藥指의 第一節보다 짧은데 右手의 小指는 길다고 합시다. 이경우 父인 그 男性에 對하여 외딸인 自己의 피를 나눈 딸보다 그녀의 結婚相對인 男性 즉 사위쪽이 運命的으로 가까운것을 表現합니다.

大體로 외딸에게는 養子를 얻는일이 흔히 있는 일입니다. 지금은 自由結婚이여서 외딸은 반드시 實家를 승계하지는 않습니다. 即 男子집에 시집을 가는수도 많습니다. 그러나 그러한 경우라 할지라도 父親의 小指가 길면은 딸의 男便은 딸自身 보다도 父親인 당신에게는 子息的인 存在가 된다는 것을 表現합니다.

다시말하면 이러한 경우 우선 그 사위는 당신에게 마음에 드는 믿을 수 있는 사위라 고말할 수 있읍니다. 이것을 指相에서는 딸은 당신쪽이 아니고 사위가 당신쪽이 되는 것입니다. 逆의 경우도 동일합니다.

實子가 있어도 당신의 右手 小指가 짧으면 당신으로부터 멀어지는 存在가 되는 子息이며 不孝者이거나 老後당신의 뒷바라지를 할 수 없는 外國에 生活하는등 아물든 당신의 임종에 그 子息은 立會하지 못하는 即 緣이 없는 子息입니다.

당신이 母親(女性)의 경우도 보는 方法은 同一합니다.

勿論 개중에는 子息이 많아서 三男四女가 있어도 小指가 짧은 사람이 때로는 있을 것입니다. 指相學에서는 그러한 경우(男息이나 女息이 많이 있어도 小指가 짧은 경우) 그 사람은 子로부터 離反되는 運命으로 봅니다. 그사람의 죽을 때는 男息이나 女息中 누구하나 뒷바라지를 해주지 않는 孤獨속에서 죽을 運命이란 뜻입니다. ── 現在 孝行 男息女息들로부터 晩年의 당신이 대접을 받고 있다면은 혹은 그럴리가 없다.

然이나 左右의 小指共히 藥指의 第一節보다 짧으면 당신은 客死하거나 交通事故를 만나 순간적으로 죽는 그러한 일도 생각해볼 수 있읍니다. 그러나 그러한 예는 흔치 않으며 子息이 많은 사람의 小指는 藥指의 第一節을 초과하고 있읍니다.

이야기가 까다롭게 되었읍니다 만은 一般的으로는 右手小指가 充分히 伸張되어 있으면은 大端히 좋은 子息을 갖는다. 右手 小指가 그러하다면 좋은 딸을 갖는다고 알아두면는 틀림이 없을 것입니다.

※ **夫의 남붕을 小指로 알 수 있다**

前項에 關聯이 있읍니다만은 이런 例가 있읍니다.

어느 中年夫婦가 結婚生活 十數年이 되어도 子息이 없다. 「이자는 斷念하였읍니다」婦人은 이렇게 말하면서 친척집에서 養子를 데려 올까합니다만 그렇게생각하면서도 著者에게 의론하는 것이였읍니다. 그래서 夫婦의 指相을 보았읍니다. 婦人쪽은 左右의 小指 다같이 짧은데 反해 男便쪽의 右小指가 藥指의 第一節에서 쑥빠져 나와있다. 分明히 男兒의 혜택을 받고 있는 相입니다. 著者도 異常하다고 생각하였읍니다. 그날은 適當히 이야기를 하여 주었읍니다만은 後日 婦人이 없을때

「異常합니다.」

하고 그 男便에게 말하였읍니다. 남자가 하는 말이 비밀입니다.
「숨긴 子息이 있지요? 그것도 男子입니다. 大端히 健康하고 좋은 子息이다.」
그의 顔色은 달라졌읍니다. 「어떻게 압니까. A양을 알고 있읍니까.」
婦人이나 당신은 著者를 속여도 指相을 속일 수 없었던 것입니다. 그는 告白하였읍니다. 아파
트에 숨겨둔 愛人이 있다는 것. 그와의 사이에서 男兒가 둘이나 있다는 것을.
이러한 경우 婦人의 指相에 子息緣이 나타나 있으면은 男便이 將來愛人과 別離하고 子息만을
引受하여 養育하는 케이스도 生覺할 수 있읍니다. 그러나 婦人과 같이 男便에게 子息緣이 없는 경우 子息
을 引受한다는 것은 賢明하지 않습니다. 實子이건 養子이건 그녀에게는 子息이 붙지 않은것을 指相은
말하고 있으므로. 그렇다며는 愛人과 子息이 있다는 것을 極力 婦人에게 알리지 않는것이 男便의
態度겠지하고 나는 생각하였읍니다. 非道같지마는 夫婦가 헤여진다며는 모르되 어느쪽도 그 意思
가 없는限 家庭을 새삼스럽게 어지럽게 할 必要는 없기 때문입니다.
勿論 이때 愛人인 女性의 手相指相을 보지 않고는 確實한 말을할 수 없읍니다마는 原來 妻가
있는 男性임을 알면서 그 사람의 子息을 낳았기 때문에 어머니로서의 覺悟와 責任感은 그녀에게
는 처음부터 있었으리라 生覺합니다.
어쨌든 世上에는 이러한 케이스가 意外로 많다. 맞는것도 占맞지 않은것도 占이란 가벼운 氣分
으로 한번쯤 당신 男便의(婦人의) 小指와 比較해 보십시요.

※ 손이 차가운 女性은 마음이 따스하다

어찌된 일인지 빠의 호스테스等 所謂물장사의 女性에게 小指가 짧은 사람이 많습니다. 小指가 짧은것은 子息運이 없는 사람입니다. 그러나 女性에게 小指가 짧다는 것은 即 結婚運이 없다. 結婚에 失敗하기 쉽다. 한번 호스테스等이 되어버리면 이번에는 平凡한 家庭生活을 하여 子息을 낳는것이며 子息運이 없다는것은 即 結婚運이 없다는 말이 됩니다. 한번 호스테스等이 되어버리면 이번에는 平凡한 家庭生活을 하여 子息을 낳는것이며 子息運이 없다는 理由입니다. 그러한 職場의 女性은 大部分이 언제까지나 물장사와 緣을 끊지 못하는 生活을 하게 됩니다. 子息을 中心으로한 家庭에는 혜택을 받지 못하는 悲運의 女性입니다. 小指가 짧은 悲運입니다.

勤勉한 努力家는 小指의 第三節이 긴사람 입니다마는 그러나 너무 지나치게 길게는(特히 二節째가 짧으면) 狡猾한 性質을 가지기 때문에 注意가 必要합니다. 그리고 總體的으로 小指의 貧弱한 감이 있는 사람은 盜癖이 있는 사람은 意志가 박약합니다. 이 節이 짧다고 합니다. 그리고 總體的으로 小指의 貧弱한 감이 있는 사람은 意志가 박약합니다. 이것 또한 물장사의 女性에게 共通되는 點입니다.

또 女性이 生理期間에는 「손을 내시오」하게되면 小指를 떠어서 낸다고 하며 이는곳 休戰中을 意味하는 것이므로 연애많하는 남성들이 參考가 된다고 하는 푸레이보이가 있었읍니다.

손가락이 나온 次弟에 손全體에 對하여 한마디 설명을 하겠읍니다. 흔히 손가락이나 손이 차가운 사람이 있읍니다.

「손이 차가운 女性은 마음이 따스하다」라고 흔히 말하는것은 어느 意味에서는 정말이며 또한 손이 차가운 사람의 性格은 元來 利己的이 않입니다.

多少 消極的인 性格을 가진 反面 일단信任을 하게되면 無條件 相對에게 奉仕를 합니다. 情이 깊은 것입니다. 그래서 마음이 따스하다고 해석되는 것입니다.

한편 손이 따스한 사람은 어찌된 일인지 조급한者에게 많읍니다. 決定을 빨리 하는 性味가 있고 때로 直感에 의지하는 경향이 많습니다. 그리고 호기심도 強하며 거기에 情이 많아 음탕자로 보입니다. 때로는 남의 부탁도 헐하게 받아 들이는 性格이며 結果的으로는 거짓말쟁이가 될것입니다.

다음으로 손의 外觀이 큰 사람과 적은 사람이 있읍니다. 이것은 體格과 比較하여서의 大小로서 정하며 他人과 比해서의 大小를 판단하는 것은 않입니다. 體格에 比하여 손이 큰사람은 이상하게도 적은글을 쓴다고 합니다. 精密機械等을 만지는일을 하는 사람에는 不適合하나 性格은 대범하고 글씨도 큰 글씨를 씁니다. 一說에 依하면 후면도표와 같이 표시한 손의 길이는 本人의 페니스의 勃起한길이나 反對로 손이적은 사람은 키도적고 세심한 작업에는 不適合하나 性格은 대범하고 글씨도 큰 글씨를 씁니다. 一說에 依하면 후면도표와 같이 표시한 손의 길이는 本人의 페니스의 勃起한길이나 등등하답니다.

만약 당신에게 연애편지를 보내오면 글씨의 크기에 주의해 보십시요. 성격에 불적당할 정도로 우선 代表的인 爪相의 하나에 腎氣―― 即 精力을 손톱으로서 分別하는 方法이 있읍니다. 醫學的으로는 血液의 순환을 보는 것이며 예컨대 爪에 縱線이 있는 사람은 疲勞해 있는 증거입니다. 新陳代謝가 熱病等으로 阻害되어 · 血液의 순환이 惡化되면 손톱에 줄이 생긴다. 이는 醫學的 判斷입니다. 相學에서는 손톱이 긴사람은 性格이 조용하고 多少 게으른 편이며 甘味를 좋아한다. 손톱이 짧은 사람은 성급하고 · 短氣者로 봄니다. 매운것을 좋아합니다. 但 손톱은 指의 長短과는 關係가 없읍니다.

그리고 손톱이 直四角의 감이 나는 사람은 재주가 좋은편이 못됩니다. 손톱이 짧고 폭이 넓은 사람은 精力이 强하며 强情者입니다.

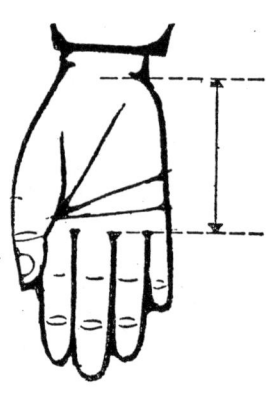

차근차근 하고 적은 글씨머는 그의 페니스는 대단히 훌륭하다는 것을 참고하십시요. 反對로 큰 글씨는 男性은 손이 적다고할 수 있으며 意外로 그것이 적다는 것을 아십시요. 여성에 성품도, 남자와 같이 해석하십시요.

※「月輪」이 나타나 있는 女性은 잘 익어저 있

손톱에도 相學上 여러가지 觀法이 있으므로 次弟에 言及하겠다.

손톱 끝이 휘여저 올라간 사람은 性格은 明朗합니다. 그러나 反對로 손톱이 짧고 節이 있는 女性은 말이 많고 신경질이 많다. 손톱이 두툼한 사람은 情熱家, 엷은 사람은 음침하고 두말을 하는 傾向이 있읍니다.

손톱 뿌리의 底邊이 너무 一直線인 사람은 심장이 弱하고(大體로 손톱의 下邊은 완곡되어 있읍니다) 손톱의 양쪽이 손가락쪽으로 들어가 있을수록 男女 共히 질투심이 강하고 히스테리的인 性格으로 봅니다. 손톱이 살에드러가 손톱을 切斷하기 힘든 사람이 있읍니다. 이것은 건방진 사람이며 自省心이 없는 사람입니다. 그리고 손톱을 무는(嚙) 습관은 不必要한 心勞의 表現이며 아이며는 液尿症이 있고 떼깡을 잘 부리는 아이입니다. 그리고 손톱에 自斑點이 나오면 吉兆라고 히 말합니다마는 觀相學上의 근거는 없읍니다. 그것보다 중요한 것은 「月輪」입니다.

손톱의 底邊에서 半月形으로 희게된 部分 —— 이 月輪은 엄지에 가장 크게 나오게마련이며 小指에 나오는 사람은 적다. 그리고 平常時 잘 步行을 하는 사람일수록 小指의 月輪이 分明하게 나타난다고 합니다. 正確한 根據는 알 수 없읍니다마는 이상하게 的中합니다. 最近과 같이 交通을 利用하는 경향이 많아 步行의 습관이 적어지면 小指에 月輪이 나타나기 힘듭니다.

그러므로 이렇게 말할 수 있을 것입니다. 만약 小指에 月輪이 分明하게 나타나는 女性임에 틀림이 없을 것입니다. 그녀의 섹스는 좋을 것이다. 왜냐하면 그녀는 每日 상당한 步行을 하는 女性이며 步行을 잘하는 그 部分이 단련되어 좋다는것을 옛사람은 말하고 있기 때문입니다. 即 小指에

月輪이 있는 것은 感度良好하며 充分히 익은 女性입니다. 남자가 왔을때 小指를 보십시요. 운명감정상 용을타는 사람인지 바쁘게 다니는 힘들여서 생활하는 것인지를 알 수 있을 것입니다. 自家 아주 必要한것이니 理解하여 주기 바랍니다.

(13) (毛)모 보는法

※ 빡빡머리로 하고 있으면 音痴가 된다

犯罪醫學에서 分明히 하고 있읍니다마는 毛髮은 一本이라 할지라도 그것이 頭髮인가 眉毛인가 陰毛인가는 勿論 男性의 것인가 女性의 것인가 그 사람의 年齡은 얼마정도이고 身長은 어느정도 인가까지 알 수 있읍니다. 血液型도 알 수 있읍니다. 그만큼 毛란 個人을 判斷하는 貴重한 資料 가 되는 것으로 말하자면 毛는 血管의 延長입니다. 따라서 相學上 毛 또한 重要한 것입니다. 周知하시는 바와같이 人體의 毛에는 頭髮 眉毛 눈섭(속) 鼻毛 腋毛 陰毛의 六種類가 있읍니다. 男性이면 여기에다 口髭과 수염 胸毛가 加해집니다마는 男女에게 共通된것은 以上의 六個인 것입 니다.

이중 제일 굵은것은 陰毛 다음이 腋毛 다음이 鼻毛 네번째가 頭髮이며 제일 細한것이 眉毛입니 다. 그리고 가장 人間의 性格이 잘 나타나는 것이 頭髮 陰毛 거기에 眉毛입니다.

眉毛에 對하여는 別章에서 記述하였으므로 여기서는 頭髮 陰毛를 中心으로 說明하겠읍니다.

毛가 하나의 血管임은 前言하였읍니다. 顯微鏡으로 調査하면 잘 알 수 있읍니다. 男子가 散髮하며는 外觀을 정돈함은 勿論이지만 毛髮을 자르면 頭郭(두관)의 모습의 흉함을 防止하고 血液의 순환을 잘하게 하는 意味가 있읍니다. 散髮로서 氣分이 상쾌하게 되는것은 이러한 生理的인 理由에 依한 現象인것입니다.

그러나 人象的으로 長髮로 하고 있으면 血液순환이 停滯되는 結果 왜 그런지 女性의 性格을 갖이게 됩니다. 本來 男性은 決斷力이 좋은것이며 「대나무를 쪼갠듯한 性質」이라 말하듯이 체념이 빠르고 언제까지나 생각을 담아 있지 않는다. 決斷이 빠르다. 女性은 이에 反하여 무엇에든 決斷이 나쁜것은 髮을 길게하고 있는데도 原因이 있는것 같습니다.

그래서 男性이 長髮을 하고 있으면 이 女性的 弱柔性을 가져오게 된다. 畵家나 小說家가 長髮을 하고 있는것은 이렇게 하여 女性的 感情의 移入을 위해서이고 폼으로 길게 하고 있는 것은 않읍니다. 누가 생각해낸 것인지는 알 수 없읍니다마는 이것은 놀라운 英知입니다.

구룹 싸운드의 젊은이들이 長髮로 있는것도 原因은 여자의 모방으로 決코 世上을 놀라게 하기 위하여 長髮로 한것은 實은 이러한 根據가 있어서 였읍니다. 音樂에도 또한 女性의 感情移入이 必要한것입니다. 이것을 逆으로 말하면 成人이 되어도 아직 빡빡머리 혹은 短髮로 있는 男性은 音樂을 알지 못한다. 말하자고 모양좋으라고 한것도 아닙니다.

이 長髮로 한것은 女子와 같

면 音樂의 깊은 곳을 理解하지 못한다고 할 수 있을것입니다. 그러므로 어떻한 50대 신사가 운명의 길흉을 문의하러 왔을때 著者인 나는 이렇게 말하였읍니다. 先生은 마음이 약해졌으니 큰일은 못하겠다고 하였읍니다. 이유는 머리를 10년은 안깎은것 같이 보였기 때문이였읍니다.

※ **胸毛가 진한 男性은 逸物의 所有主이다**

「髮은 腎臟의 꽃이다」라고 素問靈樞經에서는 말하고 있읍니다. 말할나위도 없이 신장이 性機能을 통제하는 重要한 器官임은 現代에서는 醫學的으로도 分明하며 페니스나 子宮을 外生殖器라하고 신장을 內生殖器로 分割하는 醫師도 있을 정도 입니다.

即 髮은 內生殖器인 신장의 꽃입니다. 毛髮을 보며는 生殖器의 健否는 알 수 있는 道理입니다.

그리고 여기서 말하는 毛髮이란 頭髮을 위시하여 胸毛 腋毛等도 包含됩니다.

그러면 어떻한 毛髮이 좋은가를 말하겠습니다.

知能인 作業 即 頭腦勞動에 종사하는 사람의 毛는 그리굵지 않습니다 그러나 筋肉勞動者의 毛는 굵은것이 普通입니다.

餘談이지만 野球에서 大打者라 불리우는 選手는 大部分 肉體의 男子신볼도 逸物이 였다고하며 A氏가 現役時代 試合이 끝나고 목욕탕에 대리고갈때 차례차례로 목욕탕에 들어오는 選手의 심볼을 보기만 하여도 얼굴을 보지않아도 그것이 누구인가를 알았다고 합니다. 裸體만으로 打順을 組織할 수 있다는 것입니다. 그만큼 强打者는 男性의 심볼도 偉大하였다는 것입니다.

※ 젊은이의 白髮의 男性은 腎虛이다

髮을 大別하여 黑 暗褐色 紅毛 金髮色 等으로 分類할 수 있읍니다마는 民族이 相異하게 되면 毛色이 相異하다고 말하듯이 本來는 人種에 따라서 變하는 것이며 個人의 탓은 않읍니다.

그러나 같은 韓國人이라 할지라도 髮의 黑色의 사람 부드러운 黑이라 할지라도 毛에 윤기가 있는 사람과없는 사람이 있읍니다.

이것은 兒童떼 特히 顯著합니다.

例컨대 유치원 國民學校에서 行列을 만드는 같은 또래의 兒童을 바라보아도 毛髮이 검은아이 赤茶色의 아해는 대뜸 알 수 있읍니다. 그러나 特히 毛髮이 黑黑한 어린아이나 極端的으로 털이 적은 아해는 다같이 몸이 弱하다고 보아도 좋습니다.

이것은 父母가 나쁜것이며 兒童의 罪는 않입니다. 그러한 毛髮의 兒童은 兩親이 섹스札에서 過度하여 精力을 浪費한때 생긴 兒童이기 때문입니다.

勿論 髮도 遺傳이며 毛髮이 많은 兩親의 兒童은 많을 것이므로 嚴密하게는 父母를 보지 않으며

250

는 알 수 없읍니다. 또한 極端으로 兒童의 髮이 검거나 적거나 하는것은 兩親의 섹스過度때 即 腎虛와 같은 狀態때에 생겨났기 때문입니다. 即 兒童의 頭髮을 보며는 그 父母의 體質이나 受胎當時의 性生活을 알 수 있읍니다.

그리고 흔히 苦白髮이라 하여 二十代에 髮이 白이되는 男性이 있읍니다. 이것은 一種의 腎虛이며 內生殖器에 缺陷이 있을 경우가 많습니다.

相學에서는 白髮이 左側에 많은 사람은 父親緣이 박하고 右側에 많으면 母親緣이 박하다고 합니다. 女性의 경우는 男子와 反對입니다.

그리고 소(丑)같이 어울리는 얼굴의 女性例컨대 M양이 그러합니다마는 이러한 女性은 相學에서는 色情이 왕성하다고 되여 있읍니다. 구두솔같이 머리털이 짧고 크지않는 사람은 原來 髮의 足이 짧은 것입니다. 毛의 質이 아무리 길게하려 하여도 길지 않은 毛가 있다. 좋은 例가 陰毛입니다. 누구도 陰毛를 깎는사람은 없읍니다. 그러나 一定한 길이 以上은 길지 않습니다. 그러한 毛質의 女性은 大體로 陰毛가 많고 陰毛가 굵고 毛가 많은 女性일것입니다. 그리고 情熱家일 것입니다.

※ 髮이 적은 男性은 包경이다

頭髮은 直毛(똑바른毛)가 진짜입니다. 癖毛 曲毛라하여 파마타도 한듯이 곱슬털의 사람은 性質

的으로 根氣가 없고 권태를 잘내는 사람입니다. 特히 極端한 癖毛의 사람은 職業을 轉轉하고 變합니다. 그리고 性情多淫 합니다. 男子이면서 파마를 하여 毛를 곱슬하게 하는 것은 人爲的으로 色情을 旺盛하게 하는것과 같으며 當人은 그런줄 몰라도 섹스面에 영향을 주게 됩니다. 때문에 多少 精力에 衰退를 自覺하는 紳士諸賢은 한번 試驗的으로 毛를 굽슬하게 해보는것도 一策일 것입니다. 根氣는 없어 집니다는 色情이 旺盛해지는것은 틀림이 없읍니다. 頭髮을 擧論하는 次弟에 口髭에 對하여도 記述하겠다.

男性으로서 靑年期가 되어도 口髭(쇠미라함) 大體로 생기지 않은 사람이 있읍니다. 이러한 體質의 男性에게는 包莖이 많은것 같습니다. 髭이 많고 적고는 태생입니다마는 童貞인 靑年이 女性과의 섹스를 가지므로 솔솔 髭이 생겨나는 例도 있고 包莖手術을 한後 口髭이 생겨난 實例도 있읍니다. 무엇인가 性行爲는 口髭과 關係가 있는듯 합니다. 讀者諸姉中 만약 口髭이 적은 그이를 가진 사람은 한번 試驗을 해보시며는?

그리고 젊은 女性中에도 엷은 口毛이 생긴사람이 있읍니다. 솜털에는 틀림이 없읍니다마는 솜털로서는 진한 女性입니다. 홀몬 關係에서 生覺해서도 이러한 女性에게는 性器에 故障이 있는 사람이 많습니다.

性器의 病이면 治療하면 치유 됩니다. 그리고 치유되면 口毛도 없어 집니다. 이러한 女性은 한번 必히 婦人科醫의 진찰을 받으실것을 권유합니다.

腕에 솜털이 密生하는 女性도 同一합니다. 같은것은 男性에게도 말할 수 있읍니다. 너무 女子와같이 手足이 매끌매끌하여 털이없는 男性은 精力이 弱하다. 그러나 度가 지나치게 얕은것은 아니며 그 方面의 好奇心은 十分 있음에도——오히려 色情은 常人보다 旺盛한 程度이지마는 但지 性機能에 缺陷이 있는 것입니다.

한번 醫者의 진찰 받으실것을 이러한 男性에게도 권유합니다. 그렇지 않으면 變態的 色情家가 될 염려도 있는 것입니다. 그리고 口毛이나 顎毛이 붉은 男性은 晚年에 孤獨하게 된다고 합니다. 赤毛의 사람은 要注意.

※ **男根自體에 털이있는 사람은 出世할 수 없다**

相學에서는 古書에 依하면 漢의 高祖의 母親은 陰毛의 길이가 二尺이 였다고 한다 陰毛는 긴것이 貴하며 짧은것은 下賤하다고 합니다. 흔히 좋아하는 작은 입은 가장 不吉의 相이며 大部分 長命하지 못하고 性格은 頑愚심하며 天剋한다는 凶相입니다.

아뭏든 長毛의 婦人은 貴相이며 따라서 貴子를 낳으며 서구어느 寶珠의 妻는 錦色의 美毛로서 錦糸妃의 別名이 있었다. 이것은 당기면 二尺이 넘고 놓으면 말려서 寶珠의 玉과 같았다고 합니다. 一說에는 眉毛가 아름답고 긴 女性은 陰毛도 길다고 합니다.

錦色이란것은 楊貴妃의 예에서 記述하였읍니다 마는 先端히 말려있기 때문에 이것이 陰毛의 最

上반드시 貴人을 낳습니다. 다음으로 좋은것은 赤色이며 이 種類의 婦人은 반드시 藝術에 能하고 그리고 多産하는 수가 많다. 이러한것은 몇백명에 한사람이라 합니다. 陰毛의 赤色인것은 多淫하다고 합니다. 다음이 黑色이며 一般的 입니다 그러나 色情知法에 依하면 髮의 생기는곳이 急作히 濃厚한 사람은 陰毛가 갈대와 같고 검다고 합니다.

다음이 灰色이며 灰色의 陰毛를 가지는 婦人은 多少 低能하다고도 하며 將來반드시 大難을 當할일입니다. 그러나 우리나라 사람들에게는 혼히 않습니다. 灰色보다 더 劣等한 것은 白色이며 若白髮과 같이 젊어서부터 陰毛가 白色이 되는 女性이 있다고 합니다. 그러나 筆者는 이런 것은 본일이 없으므로 相學上 不吉한 毛相임을 말하여 두렵니다.

毛相에 대하여서 재미있는 것은 솜털이 있읍니다. 솜털로서 여러가지를 알 수 있읍니다. 혼히 女性으로서 腕이나 脛에 男子와같은 털이 나있는 사람을 볼 수 있읍니다마는 이러한 솜털이 진한 婦人은 반드시 陰毛도 많고 色情이 旺盛하다고 보아도 無妨할것입니다. 그럼에도 좋은 男子에게는 純情하며 所謂 情이 깊은 女性입니다. 그리고 야윈체질입니다. 生毛가 짙은 女性은 意外로 사람이 좋고 戀愛問題에도 체념이 좋아서 때때로 好靑年을 놓쳐버립니다. 그리고 人中에 生毛가 多少 보이는 女性은 왠지 陰毛가 細한것 같으며 이러한 女性은 結婚에 失敗하기 쉬우며 子息緣도 없고 晩年에 고독하게 됩니다.

그리고 이것은 男性의 경우 입니다마는 때때로 페니스에 털이 난 사람이 있읍니다. 陰毛는 아

254

니고 페니스의 同體에 나는 것입니다. 이것은 옛날사람은 不吉한 페니스라하여 忌避하고 있읍니다 그리고 페니스에 상처가 있는 男性은 어떠한 理由라 할지라도 理由없이 음탕한 소문이 그치지 않으며 成功하기는 힘들고 特히 晚年運이 좋지않읍니다. 結婚前에 그이의 것을 한번 보시는것도 將來를 알 수 있는 意味에서 參考가 될것입니다. 이러한 것을 易學的으로 연구한다는것은 오로지 우리인생삶에 귀중한것이므로 웃는 얼굴로 참고해 주시기 바랍니다.

(14) 癖벽 사람의 버릇보는 법

※ 恒時 범과 같이 悠悠히 步行하여라

人間에게는 「없어서 七癖」이라고 말하듯이 여러가지 習癖이 있읍니다. 이야기 하는것 한가지 例로 보드라도 下唇을 물면서 이야기 하는 버릇 눈을 감으면서 이야기 하는 버릇 눈을 치켜보면서 이야기하는 버릇 등등 例擧하면 限이 없읍니다. 이들은 나면서 부터의 人知이라 할수는 없읍니다마는 이러한 버릇이 중첩이 되어 어느사이에 그러한 表情이 된다고 할 수 있읍니다. 이러한 意味에서 버릇은 人知學上 중요한 部分이라 생각할 수 있을것입니다.

버릇에는 얼굴에 關한것 뿐만아니라 몸 全體에 關한것도 많다.

例컨대 步行法 입니다.

近來의 펫숀모델은 책을 머리위에 올려놓고 步行의 재세를 바르게하는 習慣을 기르고 있다고 합니다. 그러나 대단히 重要한 포인트가 含有돼 있는 것입니다. 왜냐하면 步行法 하나에도 實은 사람의 一生을 左右하는 重要한 포인트가 含有돼 있기 때문입니다.

人間은 마음이 조급할때는 앞으로 굽히는듯 하고 步行할때 목을 내밀고 앞으로 굽어정 하게하는 사람은 없읍니다. 얼굴을 前方에 내미는듯 步行합니다. 천천히 步行할때 침착하게 가슴을 펴고 步行하게 됩니다. 氣分에 餘裕가 있으며는 自然히 허리에 重心을 두고 천천히 침착하게 步行하게 됩니다. 大會社의 社長과 언제나 바쁜 平社員은 社內에서의 步行法이 相違할 것입니다.

이와같이 步行法에 따라서도 自然히 人格 氣質 地位等을 엿볼 수 있다. 이것을 應用한것이 行에 依한 相學이라 생각하여 주십시요.

步行法이 제일 좋은것은 「虎行」이라하여 범이 步行하듯이 몸에는 무게가 있고 足은 가볍게 천히 運搬하는 步行입니다. 運勢가 좋은 사람은 이러한 步行法을 無意識하게 하고 있는 것입니다. 反對로 어딘가 침착성이 없고 조급하게 步行하는 사람은 住所에 때때로 變動이 있고 故鄕에 住居하지 못하고 流浪의 生涯를 보내게 됩니다. 일에 있어서도 初志를 貫徹할 수 없고 辛勞만많으며 자칫하면 破産의 슬픔을 만나게 될 것입니다.

또 「雀行」이라 하여 새가 걷듯이 步行때 몸까지 훨훨 날듯이 움직이는 사람은 決斷力이 없고 才는 있지마는 智가 不足하고 男性이면 一生 經濟的인 壓迫을 받아 허덕이지 않으면 안될것입니다.

　더욱더 不幸한것은 脚이 나쁜사람 입니다. 절둑발이는 晩年運이 나쁘다 합니다. 이것은 後天的인 負傷등으로 다리가 不自由 스럽게 된 사람도 幼少때부터 절둑발이가 된 **사람이면** 變함이 없읍니다. 아무튼 脚의 不自由한 사람의 晩年은 弱運입니다.

　또 男性이 빠르게 步行하는 사람은 晩年 孤獨의 知입니다. 너무 **옆으로** 벌리는 사람도 孤獨합니다. 당신의 戀人과 메이트를 때 그의 步行을 觀察하면은 뜻하지 않게 未來의 그의 運勢를 豫見할 수 있을 것입니다.

　「步行 함에 몸이 움직이치 않으면 積財하고 名振四海 한다」라 하여 前述한바와 같이 「虎行」의 사람은 가령 貧家에 태어나도 반드시 名振四海 할 정도의 出世를 한다고 知學에서는 말하고 있읍니다.

　要컨대 運勢가 좋은 사람은 몸을 무개있게 足은 가볍게 虎(또는 고양이)와 같이 조용히 步行합니다 그러나 運이 없는 사람은 足은 무겁고 上體는 붕붕떠서 步行합니다.

　어느 程度 意識하여 努力하면 이것은 교정할 수 있으므로 不運의人이 되지 않으려면 今日부터도 步行法은 虎와 같이 恒常 悠悠히 步行하는 習慣을 몸에 지녀주십시요.

※ 外足으로 步行하는 女性은 긴축성이 좋다

이번은 女性입니다.

女性에게도 外輪으로 步行하는 사람과 比較的 兩足을 平行으로 步行하는 사람이 있읍니다. 그러한 性癖을 섹스와 結合하여 해석한것이 그길의 베테랑인 著者입니다.

洋裝에서도 內輪的으로 步行하는 사람이 있읍니다.

「內輪으로 步行하는 女性은 兩足을 항상 마찰하듯이 발을 運搬한다. 따라서 脚의 모양을 말하며는 X型이 된다. 二本의 脚은 女性의 가장 비밀적인 部分을 基點으로하여 뻗어 있으므로 兩무릎을 合하게 하려면 當然 基點에 해당하는 部分의 開口部는 大字型으로 된다.

反對로 外輪으로 步行하는 女性(양무릎을 떨어뜨려 步行하는 女性)의 局部는 오히려 密着되어 있다. 말하자면 A型이며 A란 文字의 頂點이 密着하고 있기 때문에 外輪가 된다.(A字의 頂點이 열리게 되면은 H가 된다.)

即 外輪으로 步行하게끔 습관드린 女性은 內輪으로 步行하는 女子보다 當然히 긴축정도가 좋은 것입니다.」

直僞는 著者자신도 알 수 없읍니다 또한 知書에도 이런 이야기는 없으므로 斷言할 수 없읍니다.

相書에 쓰여져 있는 것은 「仰向해서 步行하는 女性은 短命이며 私通의 염려가 있다. 男子는 多少 仰向하고 女性은 下向해서 步行하는것이 좋다」라고만 되어 있읍니다.

단지 偶然의 一致인지 모르겠읍니다마는 著者가 알고 있는 호스테스로서 外輪으로 步行하는 女性은 다모두 긴축程度 였읍니다.

著者가 아는限 外轉으로 步行하는 女性은 陰毛가 많고 검으며 手足도 긴것 같았읍니다 하나 더 말 하겠읍니다.

흔히 머리를 갸우둥 하듯이 步行하는 婦人이 있읍니다. 이러한 婦人은 이상 하게도 陰部도 偏在하고 있읍니다. 左則으로 갸우둥하는 버릇의 사람은 陰部도 左偏되어 있다. 그리고 이러한 女性은 晩年運이 좋지않으며 또는 片親緣이 없고 가령 富貴한 집에서 태어났다 할지라도 中年 以後는 차츰 運勢가 衰退하여 저서 家政婦나 社會의 급사일을 하는등 합니다.

젊은 女性으로서 만약 머리를 갸우둥하게 步行하는 버릇이 있는 사람은 只今부터 라도 늦지 않으니 모조록 교정하는것이 좋을 것입니다.

그리고 「眉의 蛇行」이라하여 發言때 眉를 완곡시키는 버릇이 있는 사람은 男女不問하고 淫亂家 입니다. 또 이것은 버릇과는 直接關係는 없읍니다 그러나 히프가 뒤로 突出한 所謂 「出屈」의 女性에게는 頑固者가 많다.

※ 唇을 깨물면서 이야기 하는 女性은 거짓말쟁이다

男性으로서 의자에 앉으면은 頭髮을 자주 만지는 버릇이 있는 사람이 있읍니다. 항상 서있거나 앉아있거나 머리칼을 손으로 골고루 만집니다.

이러한 버릇이 있는 사람은 性格은 粗暴하고 淫慾이 깊으며 表面은 얌전한것 같지만 關心은 夜叉와 같은 點이 있고 四十歲부터 運氣가 衰한다 라고 相書에는 쓰여져 있읍니다. 단지 才能에 있어서 남에게 사랑을 받는다고 합니다.

역시 男性입니다만은 폐병환자도 아닌데 심하게 咳하는 者는 처음에는 富하고 後衰하다는 相이라 함으로 野球選手로서 打席에 서면 침만 吐하고 있는 사람은 操心함이 可하다. 이 버릇이 있는 者는 長生하지 못한다고 합니다.

또 입을 벌리고는 음식을 던지듯이 하고 먹는 사람 또는 음식쪽에 목을 뻗쳐서 먹는 사람도 男女 共히 평생 運勢 發達하지 못하여 貧困之相이며 短命입니다. 「食입에 붙는다」라 하여 입가까지 가져 가서 조용히 먹는 사람에게는 반드시 開運이 되는 것입니다.

그리고 相學에서는 「극히 더운것을 좋아 먹는者는 下賤之相 家運衰한다」라고 합니다. 고양이 혀바닥으로 밥을 빤다는 뜻과 같은것입니다. 예컨대 事物을 보거나 말하고 할때 고개를 갸우뚱하는 女性이 탈렌女性特有의 癖이 있읍니다.

트에 많은 것같습니다만은(특히 인터뷰를 받았을때 등) 이것은 將來 男便 때문에 큰 고생을 할 相이므로 고쳐 주는것이 바람직 합니다.

사람과 對話함에 있어서 우선 생긋미소로 應對하는 女性은 相對에게 대단히 좋은 인상을 줍니다. 實은 이것도 淫婦相의 하나입니다. 即 이러한 女性은 그것을 좋아합니다.

대단한 것도 아닌데도 「하……」等을 연발하여 表情을 만드는 女性도 多淫하여 氣分이 좋지 않습니다. 항상 옷깃을 고친다거나 소매끝을 만지작 거리는 婦人도 色情이 깊으며 姦通의 염려가 있고 말을할 때 입술을 혀로 핥으며 치아로 아래입술을 씹는 버릇이 있는 女性도 거짓말이 많은 性質이며 좋다고 할 수 없읍니다. 虛榮心이 강한 表示입니다.

그리고 말할때 相對의 눈을 보고 한마디 한마디 確實히 말하는 男性은 自信家이며 남의 意見에 귀를 기울이지 않은 傾向입니다. 그러나 根本은 正直하고 中年以後 반드시 社會의 地位를 획득한 사람입니다.

同一하게 사람을 대할때 생각 생각하여 自己의 意見을 綜合하면서 천천히 말하는 男性은 一見 無能力하게 보입니다만은 中年에서 晩年에 이르러 運氣는 發展할 것입니다. 그리고 이러한 男性은 大體로 보통때는 말이없고 사귀기 어려운 것입니다.

反對로 무어라 혼자말을 잘하는 사람은 孤獨하고 衰運합니다. 말할때 사탕을 먹는듯 찐덕 찐덕하는 聲調로 말하는 사람도 心中에 惡意가 있어 마음을 놓을 수 없읍니다.

※ 눈을 감고 이야기 하는 男性은 배포가 검다

眼이란 것도 觀相學上 輕視할 수 없는것이며 가령 눈을감고 이야기하는 사람 即 普通때는 그러지 않아도 무엇인가 熱이 있는 話題(自己의 得意한 話題)가 되면는 急作히 눈을 감고 이야기하는 男性이 있읍니다.

이러한 男性은 배포가 검다. 마음에도 없는 인사를 泰然하게 지껄이는 사람이며 利害關係에 민첩하고 뻔뻔스럽고 薄情者입니다.

그리고 「桃花眼」이라하여 눈에 浮光이 있는것 이것은 유리알이 물에 젖은듯이 언제나 윤기가 있는 눈이 女性은 淫亂型입니다. 보통때도 性的으로 흥분되면 눈에 윤기가 납니다 또한 항상 눈이 적셔져 있는 感이 나는 女性이 「桃花眼」이며 大體로 白이 탁한듯 하며 出眼이 되는것을 「桃花眼」이며 最高의 淫婦로 보아도 可하다.

그리고 이야기 할때 瞳이 왔다 갔다 左右로 움직이는 사람이 있읍니다. 이런것은 決斷力이 둔한 사람의 眼相이며 晩年 住居에 困難한 相입니다. 그리고 항상 빤짝 빤짝하는 사람은 神經質이며 身體도 健康치 못합니다. 같은 빤짝 빤짝 하는것도 瞼에 힘을 넣어 視力을 確實히 하고자 빤

여기에 該當하는 財界人을 많이 볼 수 있을 것입니다. 女性의 경우도 이것은 해당됩니다.

목소리는 항상 朗朗하게 여음이 있는 것이 良策이 풍부하고 中年以後에 大發展을 할 相입니다.

짝 빤작하는 사람은 역시 神經質입니다 거기에 敵財出費가 加해지는 運勢때입니다. S君은 항상 이 種의 빤짝이를 하고 있읍니다. 그의 경우는 經濟的 出費보다는 心身의 疲勞가 큰 原因으로 생각합니다만은 그리고 出費 浪費는 精力의 意味에도 해당됩니다. 혹시나 女性과의 交涉이 많았는지도 모르겠읍니다.

그리고 上瞼에 경련이 오는것도 섹스過勞氣味 神經衰弱의 前兆입니다. 아뭏든 눈은 慈眼을 最高로 합니다. 庫眼이란 자기의 자식을 안고 얼우고 있을때의 순수한 愛情에 넘치는 눈입니다. 내子息에 限하지 않고 恒時 他人에 對하여도 이러한 눈으로 있는 사람이 참다운 聖者라 할것입니다.

※ 몬로와 같이 步行하는 女性은 幸福해 질 수 없다

筆者가 알고 있는 어느 老醫는 自己의 長男의 新婦감을 선택함에 있어서 용모를 한번 보고 이것이라면은 하는것을 子息에게 권하였다고 합니다. 그 老醫가 死亡하고나서 그 子息은(筆者의 친구입니다만) 정말 父親에게 감사하고 있었읍니다. 정말 그의 名器의 所有主였던 것입니다.

이와 같이 一藝에 能한사람 혹은 그길의 전문가에 걸리면은 女性의 우연한 動作 即 步行이나 의자에 앉아 있는 자태 容姿 웨스트 히프의 線等에서도 섹스를 想定하는것은 그다지 困離하지 않다는것을 알 수 있읍니다. 自然히 그것은 나타나 있는 것입니다. 寫眞家에게 女性을 촬영 시키면 제일인자의 評判의 A氏 렌즈를 通하여 보면 어느정도 그것을 알 수 있다고 취중에 著者에게 말하여 준일이 있읍니다. 재미 있는것은 보통때는 어떠한 女性을 보아도 알 수 없다. 그러나 한 번 카메라를 준비하면 대중의 평가는 할 수 있다고 그가 한 말입니다.

그렇습니다. 그것이 專門家의 눈일 것입니다. 그렇다하여 讀者諸堅은 그러한 A氏를 선망할 必要는 없읍니다. 왜냐하면 여러분은 相學에 있어서도 그것은 평가하는 方法이 있다는것을 그 포인트의 몇가지를 이책에서 이미 아셨기 때문에. (아직 自信이 없으면 다시 한번더 읽어보시오.)

어느 有名한 요리집 女丈夫가 이런말을 한적이 있읍니다.

「우리는 좋은 기생을 우리집에 부르는것이 장사입니다. 하면서 인물이 좋으면 손님도 좋아 하기 때문예요. 그러나 아무리 인물이 좋아도 절도가 없는 애는 싫습니다. 步行하는 것을 보면 잘 알 수 있읍니다. 엉덩이가 흔들리면 절도가 없읍니다.

※ **女性의 陰毛는 얼굴各型에 닮게 난다**

둥근 얼굴의 사람은 둥글게 나있고 긴얼굴의 사람은 길게 나있는것이 많다고 합니다. 앞의 女丈夫는 욕탕에서 수 많은 女性의 裸體를 보고 「이상 하구나 얼굴 각형대로 털이 나게 마련이군」하고 著者에게 말한적이 있읍니다. 이것만은 相書에 없으므로 眞僞를 말할 수 없읍니다 그러나 經驗이 풍부한 女丈夫가 하는 말입니다. 的中 되는지도 모릅니다. 女性의 讀者에게 이것만은 연구문제로 답을 연구해 주십시요.

人相學에서 더 세밀한것은 다음저서 책자에 설명을 보충하겠으며 여기에서는 특수한 비법으로 역학을 연구하는분을 위한 책으로 머리도 식히시고 지금까지 많은 著書中에서 秋松鶴著書를 구독하여 주신데 감사를 드리면서 실지 觀相學 교과서는 다음 저서로 옮기겠읍니다.

| 판권저 |
| 자소유 |

역학특수비법 【정가:10,000원】
1978년   6월 25일 초판 인쇄
2010년   3월 31일 재판 발행
저   자 : 추 송 학 (추순식)
발행인 : 秋 松 鶴
발행처 : 도서출판 생활문화사
주소:서울 중구 충무로5가 36-3
전화:(02)2265-6348 /2278-3664
     (팩스) 02 - 2274 - 6398
등록1976년 1월 10일 제2-304호
ISBN 89-8280-013-1   13140